中小企業家同友会
全国協議会相談役幹事
鋤柄 修

経営者を叱る

学んで実践し続けてこそ

三恵社

推薦の言葉①——情熱と沈黙と

中小企業家同友会全国協議会副会長・情報化推進本部長
中村高明

鋤柄さんと出会ったのは二一年前（一九九七〈平成九〉年）です。

当時、私は福岡同友会の代表理事を務めていました。中小企業家同友会全国協議会（以下、中同協）では、代表理事の集まる勉強会があるのですが、規模によって直面する課題が違う。これでは話し合いが進まないということで、愛知、大阪、兵庫、福岡の四つの同友会代表理事で「大都市問題交流会」を立ち上げました。そこで、鋤柄さんと顔見知りになったのです。

その後、私たち福岡同友会が一〇〇〇人を超える規模で交流会を行っていることに驚いた鋤柄さんが、福岡まで見学にいらっしゃったことがありました。それが親しくなるきっかけとなりました。

私たちには、地方で活動する中小企業家、そして年齢が近いという共通点がありました。悩みや課題も似ていました。ついでながら二人とも大の酒好きでした。それで一気に「同志」と呼び合う仲になりました。

彼は、ずばりと意見を述べ、人をはっとさせる——。

これは誰もが知るところです。

鋤柄さんが中同協会長として「青年経営者全国交流会」に出席した時のことです。四〇代の若い経営者たちの集まりです。みな元気がよかった。また立食パーティーということで気が緩んだのでしょう。来賓の挨拶や乾杯が済む前から、あちこちで酒盛りが始まりました。けじめのつかない妙な雰囲気でした。来賓も役員も困った顔をしています。しかし大きな会場ですから、気後れして誰も何も言えません。

すると鋤柄さんが大声で、「なんだ、おまえたちは！　まずお客さんをもてなすことを考えろ！」。七〇〇人ほどの出席者は途端にしんとなりました。大勢を前に、なかなかできることではありません。

彼は集団だけでなく、個人に対しても、時にきびしい言葉を発します。それも上っ面でなく本質を突いているから、言われた当人はなおさらきびしい。

ところが、彼を憎く思っている人はまずいません。

彼の言葉には愛嬌とあたたかみがあり、なにより情熱的だからです。

忘れられないのは、「金融アセスメント法制定運動」です。

当時、鋤柄さんは愛知同友会代表理事、私は福岡同友会代表理事の立場でした。

福岡同友会は、鋤柄さんから「マッチ一本で火がつく」と言われたほど運動に積極的でした。一方、愛知同友会はなかなか盛り上がりません。それを鋤柄さんは粘り強く説得しました。そして、運動を全国規模にしようと、私と二人で中同協へ押しかけ、赤石義博会長（当時）をはじめとする三役へ、運動を推進するよう猛烈に迫りました。公の会議でも、ちょっとした交流会や立ち話でも、それこそ時間や場所を問わずです。

これと決めたら、遮二無二突き進む。

共に戦いながら、私は鋤柄さんの情熱の一端に触れた気がしました。

しかしそんな鋤柄さんには意外な一面がありました。

それは彼が中同協幹事長から会長に就任したばかりの出来事です。中同協には、会長や副会長、幹事長らが参加する「正副会長会議」があります。参加者は同友会運動に熱心で一家言をもつ者ばかりですから議論は白熱します。辛辣で的を射た意見が行き交う鉄火場です。幹事長時代の鋤柄さんは、例の「べらんめえ」調でその中心にいました。

ところがその日はどうも違う。彼は口を開かず、みんなの意見にじっと耳を傾けていたのです。しかし、議論が迷走したり、落とし所を見つけられないでいたりすると、みんなの意見を集約して、方向を定める一言を言う。

人は役職によってとるべき態度を変えなければいけない――。

彼の豹変ぶりは、そんな哲学を語っているように思えました。

私は、勉強会や酒席で侃々諤々の議論を通じて、鋤柄さんの情熱的な人となりに触れ、さまざまなことを教わりました。しかしこの時は、彼の「沈黙」から、大きな学びを得ることができました。これは思いもよらぬことでした。改めて、彼の経営者ならびに人間としての器の大きさに驚くと同時に、彼のような同志を得たことを誇りに思いました。

本書でも、彼は随所で「情熱」的に叱り、意見し、発破をかけていますう。しかしみなさんには、行間に流れる彼の「沈黙」も、読み取っていただきたいと思います。

（株式会社紀之国屋　会長）

推薦の言葉②――名優が固まった瞬間

中小企業家同友会全国協議会顧問
国吉昌晴

鋤柄さんとお話しするようになったのは、一九九五（平成七）年の中同協幹事会からのことです。鋤柄さんが愛知同友会代表理事、私が中同協事務局長という間柄でした。鋤柄さんは幹事会の場で、言葉を濁したり、あいまいにしたりせず、明確に、率直に発言されます。それがとても好印象でした。

しかし長いお付き合いの間で気づいたのは、彼が一見、豪放磊落《らいらく》型のどんどん前へ進んでいくタイプに見えながら、先輩はもちろん、時には後輩の意見にも謙虚に耳を傾け、周囲の空気を巧みに読む繊細な人柄だということでした。

ただし、空気を読むといっても「長い物には巻かれろ」式ではなく、相手の立場に立って物を考え、時には、ずばりと切り込む隙をうかがう剣豪のような態度でした。

そこから考えると、彼の本質は、歯に衣着せぬ物言いや、空気を読むうまさより、「自分に対する誠実さ」、正しい意味での「直情径行型」にある、と私は感じています。

私は北海道同友会に四〇歳まで勤務し、その後、一念発起して上京。中同協で事務方を務めるようになりました。

事務局の役割は、北海道同友会を全国最大規模の会につくり上げた大先輩の大久保尚孝専務理事（後に北海道同友会代表理事、中同協副会長）（故人）から教わりました。その教えとは、事務局は、実務を正確かつ自主的、創造的に進めていく進行係の役割だけでなく、演者の力を存分に引き出し、舞台を大いに盛り上げる演出家の役割をも担うのだということです。

鋤柄さんは、演出家たらんと粉骨砕身する私にとって、最高の演者でした。

最高の演者がその力をいかんなく発揮したのは、中同協会長として活動の先頭に立った「中小企業憲章・条例制定運動」です。まだ彼が幹事長だった二〇〇三（平成一五）年の福岡で開催された中同協総会で運動を提起してから、二〇一〇（平成二二）年六月の菅直人内閣による閣議決定に至る八年に及ぶ獅子奮迅の活躍は、専務幹事・副会長として支えた私にとってもたいへん思い出深いものですし、その功績は中同協の歴史に残るにちがいありません。

各政党や国会議員への要請や、他の中小企業団体との協力体制づくりといったむずかしい局面では、鋤柄さんは事前に政治家や団体をよく研究し、事務局が判断に迷う場面になると、かならずツボを心得た正確な判断を下してくれました。このように鋤柄さんは、活動中いくども、私たち演出家の意図を超えたすばらしい演技で、舞台を盛り上げてくれたのです。まさに、名優ここにあり――。

しかし、その名優たる鋤柄さんが、思わず固まってしまったシーンを、私はたった一度目撃したことがあります。

それは二〇〇三（平成一五）年のことです。

中同協ではこの年から「役員研修会」を年二回行うことになりました。第一回は田山謙堂元会長、赤石義博会長（故人）、大久保尚孝北海道同友会元専務理事、そして当時幹事長だった鋤柄さんが講師として登壇することになりました。その打ち合わせを兼ねて、みなさんで昼食をとっていた席上、田山さんが、突然、こうおっしゃいました。

「あれだなあ。中同協のリーダーだといっても、『労使見解』をちゃんと学んでいないリーダーなんてのがいたら、これは信用できないわなあ」

当時、田山さんはすでに一線を退いており、中同協の集まりにもたまに顔を見せるくらいでした。鋤柄さんとはほぼ初対面だったと記憶しています。ですから、田山さんは鋤柄さんに話しかけたわけではなく、一般論として述べただけでした。一方、鋤柄さんは田山さんのことを『労使見解』の生みの親の一人として尊敬していました。

鋤柄さんは田山さんの一言を聴いた瞬間、箸が止まりました。後で聞いたところによると、発表のレジュメに、『労使見解』の文字を記していたかどうかを、必死に思い出していたのだそうです。

すっかり顔色の変わった彼に頼まれ、私は、すでにコピーの終わっているレジュメを確かめました。箇条書きのレジュメの文字を追いかけると、第三項に「経営者としての正しい姿勢とは何か～労使見解に学ぶ～」とありました。その事実を鋤柄さんに伝えると、

「ああ、よかった」

私は二〇年以上に及ぶ鋤柄さんとのお付き合いの中でも、このエピソードが一番好きです。彼の素直さ、誠実さが一番よくわかるからです。

本書からも、彼の鋭い発言の裏に秘められた、経営や人間に対する素直で誠実な思いを、ぜひ感じ取ってください。

経営者を叱る——学んで実践し続けてこそ

鋤柄　修

「叱る」の極意——「はじめに」に代えて

最近「叱る」のは流行らない。

何かにつけて「ほめろ」という。

「ほめて」長所を伸ばしてあげるのが教育だというのだ。多くの教育専門家がそう結論づけているのだから間違いないのだろう。

しかし経営者は責任ある立場だ。

第一に社員の生活に対して責任がある。会社を存続させて、彼らや彼らの家族の食い扶持を確保しなければならない。

第二に社員の生き方に対して責任がある。会社の存続だけでなく、発展を目指すことで社員の人間としての能力を伸ばし、彼らの人生を豊潤なものにしなければならない。

第三に社会に対する責任がある。社会が安定し、豊かになるからこそ、人々はものを買い、サービスを享受してくれる。一部の人たちで富を独占したり、教育水準が落ちたり、環境破壊が野放しになったり、よしんばテロや戦争で人々の心が乱れてしまったりしては、商売など二の次になる。そうならないように、プライベートでは家族、公には会社が、社会を支える必要がある。これらの責任を果たすために、経営者は、時に心を鬼にして、社員を叱らなければならないのだ。

一方、経営者がこれらの責任を果たそうとしない場合は、誰かに叱られなければならない。不祥事なら警察や行政機関がその役目を負う。そしてもっともシビアな判事である消費者は、叱る代わりに、その経営者を市場から追放する。

私が長年愛し、共に育った「同友会」は、警察や行政機関、消費者から叱られる前に自分たちで叱り合おうという組織である。経営者は規模の大小にかかわらず、みんながお山の大将である。放っておくと叱られることはまずないから、これはありがたい。

典型が同友会名物の「グループ討論」だ。

参加者の一人が発表し、それをもとに全員で議論をする。

議論というと上品に聞こえるが、「だめ出し」に次ぐ「だめ出し」

になることが多い。まるでパワハラのようだと感じる向きもあるだろう。しかし同友会にパワハラはない。なぜなら、パワハラの要件である上下関係が、同友会には存在しないからだ。

「くやしかったら、もっとよい経営者になれ！」

この一言でけりがつく。

しかし、人間そう簡単に割り切れるわけではないことも承知である。叱る言葉があまりに痛烈だと、感情を逆なでされるばかりで、肝心の中身が頭に入らない。それでは叱る意味もなくなる。

私は長年、同友会で「叱る人」の役割を担ってきた。

なぜかはわからない。いずれにせよ生い立ちや性格が要因だろう。

だがどのように叱ったかはわかる。説明しよう。

まず相手をよく見た。

叱って効果のある人かない人かを見極めるためである。効果のない人にはいくら言ってもだめだ。だめだけでなく、恨みを買うことすらある。

そんな人は相手にしない。

効果がありそうな人なら、胸元に様子見のボールを投げた。

ちょっと際どいことを言うのである。

その反応で、叱られても平気なタイプと叱られると落ち込むタイプに分けた。

どちらも結局は叱るのだが、アフターフォローが違う。後者にはとくべつに配慮する。なぜなら、叱って溜飲を下げることではなく、相手の能力を伸ばしたり、正しいと思われる方向を示してあげたりすることが目的だからだ。

このように、人を叱るには気をつかう。

さらには、言葉選びに慎重を要する。そのため知恵を磨き、知識を蓄えねばならない。

つまり、叱ることで、自分が育つのである。

また、個人を叱る場合ばかりではない。

ミーティングが停滞した時、あるいは場の勢いで間違った方向へ議論や行動が及んだ時、反対意見を述べたいけれど言えない人がいた時――。

そんな場合に私は、誰かの代弁者となって、集団を叱る。

これもリーダーとしての自分を育てる糧になる。

場の雰囲気に流されない、自立精神と倫理観が育つ。

本書で私は、しばしば人を叱り、やじを飛ばしている。

そこに自分自身の「学び」があるからだ。「叱る」は、経営者が、社員や経営者仲間、さらには社会と「共に学ぶ」道具なのである。

中小企業家同友会全国協議会相談役幹事
鋤柄　修

「経営者を叱る――学んで実践し続けてこそ」　目次

第3章 後輩たちにビジョンを託して——社会の一員としての提言

第1章

共に学ぶ会社を目指す

―― 私の経営者人生

1

悩み――会社のビジョンが描けません

1 「君は経営者失格です」

「会社の未来が描けません」

同友会の若い仲間と懇談していると、よくこういう悩みを打ち明けられる。

私はすぐに、彼をこう叱るだろう。

「君、それでは経営者失格だよ」

それではビジョンとはなんだろう？

ここで復習してみよう。私たち中小企業家同友会全国協議会（以下、中同協）は、ビジョンを次のように定義している。

経営理念を追求していく過程における自社の理想的な未来像（ありたい姿）を具体的に書きあらわしたもの

（『経営指針成文化と実践の手引き』三六頁）

将来、自分の経営する会社をどうしたいのか？　その理想像がビジョンだ。

これを経営者が描かなければ、社員はどっちを向いて仕事をすればいいかわからなくなる。そんな会社がよい成績を残すことなどできるわけがない。だからビジョンをもたない者は経営者失格なのだ。

さて、先の手引は「一〇年後の会社」を想像しなさいと勧めている。

なぜ来年や五年後でなく、一〇年後なのか。

数年先では、現状を積み上げることに発想がとどまってしまうからだ。どうしても、現在の取引先、現在の取引規模、現在の内外環境にとらわれてしまう。人間は不思議なもので、目の前のものばかり見ていると簡単にバランスを失う。会社の場合は、目の前の数字に追われると魅力を失う。魅力を失えば、取引先も社員も失う。

これは火を見るより明らかだ。

2 ビジョンがもてないのはなぜか？

会社を始める時、人は何を考えているだろうか？

「人に使われたくないから、経営者になった」

とか、

「とにかくもうけて、よい生活がしたい」

とかいう人が案外多いはずだ。

しかし会社とは、一人でやるものじゃない。社員、取引先、それだけでなく、地域の人たち、もっと広く見れば、その地方や国、引いては世界と、良好な関係を築いてこそ成立する。しかし、会社を始めたばかりの頃に、そういう視点をもつことはむずかしい。

どうしても「自分が自分が」となる。

だからビジョンがもてない。

また、ベテラン経営者でもビジョンをもっていない人は多い。そういう人は、目の前の仕事や資金繰りに追われて、自分の会社が社会と結びついていることを見失ってしまったのである。

3 ビジョンから経営指針書へ

それではビジョンをもつにはどうすればいいか？

これはそう簡単な話ではない。

まず、「一〇年後の会社」を考えるには、一〇年後の社会や業界、市場がどのように変化しているのかを予測しなければならない。

次に、その一〇年後の社会の中で、自分の会社が新しい価値をどのように創造し、どれくらい提供できるのかを想像しなければならない。

また一〇年後、会社がどのような年齢構成、技術レベル、行動様式の社員をもち、社員や自分自身がどのように生きているかを描かなければならない。

これらの前に「経営理念」を打ち立てる必要もある。

人間なら「自分はいかに生きるべきか」という問いかけである。

その問いがあって初めて、一〇年後の姿——ビジョン——を描くことができる。

つまり、ビジョンとは、自分の意思の明確化、外部環境と内部環境の分析と予測、こういった作業をやり遂げた果てにあるものなのだ。

また逆に、「一〇年後の会社」を想像する作業を通じて、「経営理念」をさらに深く考えることができる。時にはその理念の変更が必要となる。

なんと面倒な仕事か。

しかしこれが経営者の仕事なのである。

さらにここが終わりではない。

この「経営理念」と「一〇年後の会社」(以下、中同協のテキストに合わせて「一〇年ビジョン」と呼ぼう)を踏まえて、より具体的な「経営方針」を確立しなければならない。そして、この「経営方針」に沿って、単年度や中期の「経営計画」を策定する。

最後に、これら全体を成文化する。

なぜ文章に表す必要があるのか。

これらが、経営者だけでなく、社員全員の共有財産だからだ。

この成文化された文書全体を、中同協では「経営指針書」と呼ぶ。

みなさんが身にしみて感じているように、日々の経営は困難の連続だ。まるで古い水道管を修理するように、あちらを押さえればこちらから水が噴き出し、こちらを手当すればあちらが故障する。その繰り返しである。

目が回るような日常にあって、経営者は往々にして我を失い、道を誤る。経営者だけではない。社員たちはなおのことだ。

そんな時こそ、この「経営指針書」が役に立つ。

自分たちが会社に託した夢や目標について、骨組みから髪の毛一本に至るまですべてが書かれているからだ。経営者は挫《くじ》けそうになる社員に「おい、経営指針書にこう書いたじゃないか」と叱咤できる。逆に社員から「社長。その意見は経営指針書の方針とは異なります」と助けられることもある。いずれにしても、会社は落ち着きを取り戻し、針路を誤らない。

経営者の仕事とは、このような「学び」につぐ「学び」なのだ。

「経営者でございい」と、社員に威張り散らすことではない。

2 私はどのようにしてビジョンを得たか？ ―― エステムと歩んだ半世紀

しかし、私も「一〇年ビジョン」や「経営指針書」に代表される、経営方法を若い時から実践していたわけではない。むしろ、経営者として出発した頃は、現在の若い経営者のみなさんより劣っていたと思う。もし、みなさんより秀でたところがあったとしたら、それは自らの能力が低いことを自覚していた点だ。だから私は、経営者としての歩みを始めた当初から、生涯「学び」続けようと心に誓った。

しかし、何でも闇雲に学べばいいというわけではない。

みなさんがもし、自分も経営を学び、「一〇年ビジョン」や「経営指針」を確立したいと考えたなら、まず自らの半生を振り返る地点から始めることを勧めたい。

自分のことは自分が一番よくわかっていない。

そんなことはないさと胸を張る輩が一番あやしい。

会社をどうしたいのか、どのような理念によって運営したいのかを知るには、この「よくわかっていない」自分自身の内面に問いかけるのが一番よい。

たとえば私は、こんな半生を歩んできた。

1 経営者となるまで

私の生い立ち

私は、日本が第二次世界大戦に突入する約半年前の一九四一（昭和一六）年七月一二日、現在の愛知県碧南市新川町に、榊原家五人兄姉の末子として生まれた。

一番上の兄とは一八歳離れている。私が高校一年生の時に父が亡くなったので、その兄が親代わりとなった。年が離れていたので、親子に間違えられることもあったし、私は末っ子だったが、まるで兄の長子のように育った。子供の頃はきかん坊だったという。

高校は県立刈谷高校へ進む。中学、高校、大学と野球部に所属していたが、高校二年生の夏の大会で退部し、受験勉強に没頭した。経済的に兄たちを頼らなければいけないので浪人はさせられないと、母に厳命されたからだった。

勉強のかいあって、現役で三重大学農学部（現生物資源学部）農芸化学科に合格した。理系分野は得意だった。定理や公理、公式をおぼえてしまえば、後はそれの応用だからあまり勉強せずに済んだからだ。文系科目は好きではなかった。今でこそ本をよく読むようになったが、当時は「そんな時間は無駄だ」と思っていた。二人の兄も理系科目が得意で、薬剤師と医師という職業に就いていた。

実は獣医になりたいという希望もあった。しかし、農芸化学科のほうがより広い分野を網羅しており、将来は石油化学産業などともつながるだろうと考えていたことと、当時から酒が好きで、醸造や発酵にも興味があったからだった。当時未成年だったことはもう時効だろう。

出会いを大切にする

大学で、株式会社エステム（旧綜合施設サービス株式会社）の創業者である濱島正道氏と出会った。

実は彼とは刈谷高校でも同期だった。しかし彼は柔道部で私は野球部だったのであまり交流がなかったのである。それが大学寮で同室となった。六畳一間を二人で使うのである。私たちは一気に親しくなった。二年生になって寮を出ても、交流はつづいた。二人とも麻雀が好きだったのだ。それで互いの下宿を行き来した。とくに私の下宿はおばさんも麻雀好きで、濱島氏はたいへん歓迎された。

私は打ち方こそふつうだが、ある癖があり、それを仲間に見破られていた。すなわち、ぺらぺらしゃべっているうちは警戒することはない、寡黙になると手が揃ってきた証拠だから用心するべし、である。案外正直なのである。

私は、人生においてもっとも多感な時期を濱島氏とすごしたといっても過言ではない。よく酒を飲み、よく麻雀をし、よく語り合ったものだ。しかし同じ会社を経営し、一生の付き合いになるとは、当時は少しも想像しなかった。運命とは不思議なものである。

運命といえば、ちょうど私が高校・大学生活を送っていた頃、世間では公害が大きな問題となっていた。たとえば、私が刈谷高校へ進学する前年の一九五五（昭和三〇）年、首都圏では隅田川、荒川、江戸川の水質悪化が発表された。その後、地元の漁民が抗議運動を起こすが、数年後にはこれらの川の漁業権が消滅する。

そして私が刈谷高校へ入学した年には水俣病が公式に発見された。今では考えられないが、以後二〇年は、朝晩のニュースでかならず公害問題が取り上げられていたような時代だった。

また、私の知らないところでは、こんなことが起きていた。

日本中小企業家同友会が発足したのだ（一九五七〈昭和三二〉年四月二六日）。私が三重大学を卒業する年には、すでに名古屋（現愛知）中小企業家同友会も設立（一九六二〈昭和三七〉年）されている。

不器用さが身上の経営

話を私の半生に戻そう。

高校と大学の野球部では、一番セカンドが定位置だった。とくに足が速かったわけではないが、どんなピッチャーもおそれないので「切り込み隊長」の役割を担った。

監督から「一球目のストライクから狙っていけ」と指示が飛ぶと、「任せておけ」とばかりに初球に狙いを定め、何度もヒットを打った。初回先頭打者での打率はかなりのものだったと思う。

「決めたらかならず実行する」「とことんまでやる」というのはもって生まれた性格であ

三重大学野球部では、1番バッターとして「切り込み隊長」の役割を果たした

る。その代わり、流れに沿って「あれもこれもソツなくこなす」ことは不得手だ。格好をつけていえば、不器用さが私の身上である。

大学生活のほとんどは、野球と麻雀の二色で塗り分けることができる。しかし理科系の学部なので授業もきびしい。とくに実験は時間がかかる。だから大学四年生になると、野球と麻雀の生活に実験という色が加わった。

とはいえ、野球への情熱は消えない。こういう時、私はかならず友に恵まれる。実験はペアを組んで行うのだが、私の相手は無類の実験好きで有名だった佐々木くんだったのだ。私が大学を卒業できたのは、この佐々木くんのおかげといっても過言ではない。今更ながら感謝したい。

野球で身につけた経営者のマナー

さて、なぜこんなに野球に熱心に取り組んだのか。

野球に全力で取り組むことができるのは、せいぜい二〇歳から二五歳までだと考えたからだ。勉強は、社会人になって「自分の仕事」を見つけた時でもできる。よって、今しかできないほうを選んだのである。

野球では人間関係も学んだ。昭和三〇年代なので、上下関係などはきびしかったが、その際に、人と関わる時の最低限の作法やマナーが身についた。

実はこのようなマナーをつい忘れてしまう人が多い。同友会の集まりでも、進行役が声を張り上げようが、誰かが挨拶に立とうが、構わず私語をしている人を見かける。元から無礼なのか、経営者になって「社長、社長」と言われているうちに礼儀を忘れたのか、それはわからない。だが私は、こういう態度が気の緩みに結びつくと考える。だから容赦なく叱り飛ばす。まるで小学校の先生のように。

大人の集まりであるはずの同友会で、こんなことをしなければならないのは情けない話だ。だからといって、私は容赦しない。だめなものはだめだ。

それに経営者は常に見られている。

とくに社員だ。社員は、経営者の真似をする。もしあなたの会社の社員が、あなたの話をまともに聞かなかったり、取引先から態度に対するクレームが来たりするようなら、まず経営者であるあなたが自分を振り返り、襟を正すべきだ。

経営者はすべての経験から学ぶ

社会人として第一歩を踏み出したのは、一九六四（昭和三九）年である。世の中は、高度経済成長の真っ只中、そして同年秋には東京オリンピックが開かれるなど、万事が右肩上がりの時代だった。

入社したのはフジパン株式会社（当時は富士製パン株式会社）である。大卒なので幹部候補生として採用されたが、どんな業種でも同じように最初は現場である。私が配属されたのは、一九六一（昭和三六）年に竣工したばかりの豊明工場だった。

食品製造の基本は衛生管理である。よって、幹部候補生といえども、最初の仕事は床掃除だった。そして中学や高校を出たばかりの年下の工員にあごで使われるのである。しかし二年目からは立場が逆転する。こちらはあっという間に出世し、彼らは同じ現場でずっと働くことになる。しかし彼らと同じ釜の飯を食ったのは、よい経験になった。

当時、製パン業界は飛ぶ鳥を落とす勢い

社会人1年生の筆者。飛ぶ鳥を落とす勢いの製パン業界の工場では、多くの学びを得ることができた

だった。人口は年々増加する、パン食の普及率が爆発的に増える、などマイナス要素がほとんどなかったのである。フジパンも毎年のように新しい工場を建て、盛んに設備投資を行っていた。

私が就職先に製パン会社を選んだのは、大学時代に発酵学を学んだこともあるが、これからますます伸びていく業界だと踏んだからである。選択肢としては食品原料を生産する会社もあった。しかし、そちらには魅力を感じなかった。パンのような最終商品のほうがいろいろとおもしろそうなことができそうだったからだ。でんぷんや食用油などひとつの原料を生涯作り続けるというのは性に合わなかったのである。

さて張り切って勤務していた工場現場だが、他部署から野球大会の助っ人に呼ばれているうちに、営業部から引き抜きの声がかかり、結局、籍を移すことになった。

野球と麻雀と実験、それからお酒には自信があったが、営業は未経験だった。だからといって「自信がないからできません」では癪《しゃく》に障《さわ》る。そこで営業の勉強をさせてくれるセミナーに週一回通うことにした。

「新規顧客獲得」や「店舗営業」「マーケティング」など五、六科目あった。前述したように製パン業界はたいへんな成長ぶりである。当然、工場も営業も忙しい。しかし、学ぶ努力は惜しまなかった。

この頃、人生を大きく左右する偶然が、私の知らないところで起きた。

私の叔父が名鉄西尾線の電車に乗っていると、隣に座った女性がこう声をかけてきたという。

「実は家業を継ぐ娘婿を探している。誰かよい人はいないだろうか？」

叔父は恰幅《かっぷく》がいい。頼りがいのある人だと見えたのだろう。

今なら考えられない話だが、当時は何かにつけておおらかな時代だ。

叔父は訝《いぶか》しく思うこともなく、

「おお。それならいいのがおるぞ」

と私を紹介した。そして見合いした相手が生涯の伴侶となる鋤柄陽子である。

元々、五人兄姉の末子だから養子縁組の話はたくさん来ていた。だから私のほうも養子の話には抵抗がなかった。このように私は、妻の実家へ婿養子に入り、鋤柄家が経営していた、社員一〇〇人規模のビスケット工場を手伝うことになった。

経営者は困難も学びに変える

フジパンは三年ほどの在籍だったが、製造現場から営業販売まですべての工程を経験することができた。一方で、人に使われるサラリーマンはつまらないと思い始めていた。いつかは経営者となって自分の力を試したいという思いが日に日に強くなっていた頃だった。工場主の娘婿なら、いずれ経営に携わることができる。私にとって妻は、夢をかなえてくれる幸運の女神でもあったというわけだ。

しかし当時は、終戦直後の食糧難も終わり、人々の舌が肥えてきていた時代だった。それに伴い、以前はもてはやされたビスケットが売れなくなっていた。

私は営業課長となり、北は宮城県から南は鹿児島県まで全国の菓子問屋へビスケットを売り歩いた。それだけでなく、工場のライン担当や新しく導入した包装機械の責任者まで任された。さらに跡取りとして入社したので、経理や総務部門も半年ほど勉強した。会社の中枢から手足の部分まで、仕事という仕事は全部やったはずである。

ところが結局、鋤柄家はビスケット工場を売ってしまった。それも私が在籍していたフジパンに、である。義父からは「おまえも会社と一緒に付いていけ」と言われた。しかしM&Aで吸収された側がどんな立場になるかは、そのフジパン時代に何度も見聞きしていた。すすんで踏み込みたい道とは思えない。そこでビスケット工場を離れた。

次の仕事先を探さなければならない。どうしようかと考えている時に、なつかしい友人が声をかけてきた。それが大学時代に寮で同室だった濱島氏である。

2 最初のビジョン——社長はクラウン、私はマーク II

人の嫌がる仕事に商機を見出す

一九七〇（昭和四五）年に、濱島氏が、浄化槽メーカーの藤吉工業株式会社と組んで、水処理プラントのメンテナンス会社を設立したことは知っていた。

彼は三重大学で農業土木を学んだ後、建設会社へ就職したが、人に使われることが性に合わずクリーニング業に転じる。しかしサービス業にも物足りなさを感じていた。

ある日、クリーニング工場の浄化槽が驚くほど汚れているのを目にした。これを管理する仕事など一〇人中九人はやらないと考えた彼は、それが逆にチャンスだと考え、浄化槽メーカーの藤吉工業に入社する。

当時、浄化槽の保守メンテナンスはメーカーが無償で行っていた。しかし年々拡大する浄化槽市場にあっては、無償サービスなど早晩行き詰まるのは目に見えている。そこで藤吉工業との折半で綜合施設サービス株式会社を設立したのだった。

「人の嫌がる仕事に商機を見出す」など濱島氏らしく、実におもしろい話だったが、私が最初に話を聞いた当時は、まだビスケット工場の立て直しに四苦八苦していた頃だったから、それを投げ出すわけにはいかなかった。

しかし工場はすでになく、誰にも迷惑はかからない。

私は、一九七一（昭和四六）年四月、綜合施設サービスに入社した。

二九歳の時である。

経営者はすべてを学び、すべてを役立てる

当時は濱島氏、濱島氏の妻、濱島氏の義兄、そして電話番や事務をしていた女性が在籍していた。私は五番目の社員となった。

上下水道、工業排水などの水処理を行うプラントの設

濱島社長と私は二人三脚で会社経営という難事業に取り組んだ（写真中央が濱島社長、左が筆者）

計・施工・管理に携わる「水処理業界」というのがある。当時は、下水道はもちろん、上水道も完全には普及していなかった。公害問題への政府自治体の対策が本格化したのがこの頃だった。

前年の一九七〇（昭和四五）年には各都道府県に公害担当課が設置され、一一月の第六四回臨時国会は、公害問題に関する法令の抜本的な整備が行われたことから「公害国会」と呼ばれた。さらに世間の動きに敏感な映画の世界では、ゴジラシリーズに「ヘドラ」というヘドロ怪獣が登場している。

綜合施設サービスの仕事は、自治体や住宅団地、大型スーパーに建設された水処理プラントのメンテナンスや運営を行うことだった。地方自治体の場合はおおむね、まず外郭団体、そこから私たち民間企業に発注するという流れになっている。当時は、この流れができ始めていた頃だった。

私は綜合施設サービスへの入社の打診を受けた時から、濱島氏と情報交換し、水の分析や処理の勉強を始めた。

入社してから役に立ったのは、フジパンやビスケット工場時代に学んだマネジメントワークである。その時は無駄だとか自分の守備範囲ではないと思っていても、一生懸命取り組んでおけば、後でかならず役立つのである。

入社後に活動を本格化させると、今度は親会社に束縛されない自由な営業活動がしたくなった。そこで五〇%を出資していた藤吉工業の株式を買い取り、一九七一（昭和四六）年一一月に独立独歩の会社となった。さらに一九七二（昭和四七）年には私も資本参加し、その資金をもとに現在地へ会社を移転すると同時に、水質分析室を設けた。

当時は下水処理人口が一六〇〇万人、浄化槽処理人口が一〇四〇万人ほどである（一九七〇〈昭和四五〉年）。愛知県をはじめとする中部地方は下水処理場建設が遅れており、浄化槽が中心だった。私たちは、当時建設ラッシュだった大型団地にターゲットを絞り、飛び込み営業に奔走した。

契約第一号は長崎屋豊田店だった。その後、シキシマパンの刈谷工場、各務原市新鵜沼台団地などの大型施設の受注に成功し、売上を順調に伸ばした。

わずか五人で始まった会社だったが、一九七三（昭和四八）年には一一人、翌一九七四（昭和四九）年には倍増の二二人となった。

この頃は牧歌的な会社運営だった。

会社には麻雀卓が常備されており、仕事が終わって帰社した者から順に、出前のラーメンをとり、ビールを飲み、夜更けまで麻雀にいそしんだ。水質分析には冷蔵庫が必需品である。その冷蔵庫に肉を保存しておき、会社で焼肉をしたこともあった。いい加減なものである。社員数が少ないからこそ通用した家族的な運営だった。

しかし社員が増えるとそうはいかない。

そこで組織図や就業規則を作成した。

ただ漫然とつくったのではなく、濱島社長と私が、会社の信念と位置づけていた「技術者集団になろう」「自由な雰囲気の会社をつくろう」を基本とした。だから、「タイムカードなし」「時間外は仕事をしない」「残業のない会社をつくる」といった現在でも受け継がれている個性的な規則があった。

自分たちのことしか考えない経営者なんて

信念をもとに組織や規則をつくり、それによって会社を運営しようというやり方は、今日、同友会が勧める「経営指針書による会社運営」に似ていなくもない。だが決定的に違ったのは経営者二人の掲げたミッションだった。

「将来、濱島社長はクラウン、私はマークⅡに乗る。そんな会社にしたい」

と本気で考えていたのである。

経営者が自分たちのことしか考えていない会社なんて――。

そのツケはやがて、自分たちに返ってくることになる。

とはいえ、事業は順調に拡大した。

「技術者集団」を標榜していたので、社員教育には力を注いだ。当時は公害・環境関連の法律が急ピッチで整備され、関連事業従事者に資格所有が義務づけられた。その資格取得のために社内勉強会を開催した。さらに作業に伴う基礎技術の勉強会や資格テキストの不備を補うために中学・高校の理科の教科書を使用した勉強会も開催した。この「学習型企業」の伝統は今も連綿とつづいている。

またある時、濱島社長が見るに見かねて麻雀禁止令を出した。さすがに社長である。毎日麻雀ばかりやっていてはいつか倒産の憂き目に遭うぞと、まっさきにめざめたのだ。ただし禁止は社内に限ったから、麻雀好きの社員は近所の雀荘へ行くようになった。ところがそれまではタダでやっていたものが、雀荘では金を払わなければならない。それで社員の麻雀熱がさめた。

このようにして、少しずつ野武士集団から「会社」の形ができつつあった。

一九七六（昭和五一）年には、初めて会社案内パンフレットを作成。さらには社章を決定し、今でいう「CI（コーポレート・アイデンティティ）」の確立に努めた。

一九九〇（平成二）年にまとめられた創立二〇年記念誌『みずすまし』は、当時の経営施策に四つの傾向があったとしている。

①儲けは、人材の採用と養成に重点配分した

これは、創業時に掲げた「技術者集団」をつくるためである。今後の経営は、付加価値の高い仕事をこなすことが繁栄への道であると考えていた。

②お客さま一社一割以下の売上げを堅持した

売上高が特定のお客さまに片寄らないことは、万一の場合のリスク対策であるが、同時に特定企業の「オンリー」になって下請的様相をおびるみじめさを味わいたくないと考えていた。

③客層を地方公共団体やこれに準じる団体などに選別した

仕事の性質上、客層はある程度限られているとはいえ、このことが売掛金回収を容易にし資金繰りを楽にした。

④ニュービジネスだから、自分たちのやることがすべて前例になった
見積書や管理報告書の様式、請求金額も当社の事例が他社の雛形となった。「相場は自分たちがつくるのだ」といった自負心と先覚者ゆえの楽しみも味わった。
(同・二四頁より一部改変)

こうした状況下、社員数は一九七九(昭和五四)年に四〇人を数えるまでになった。出張所を設け、グループで活動する仕事が増えたからだった。だがその結果、現場と経営陣の距離が少しずつ広がってきたと誰もが感じるようになってきた。その溝を埋めるべく、経営陣は営業本部を新設した。技術とは違う側面の社員教育を進めて、中間管理職を育てようという目論見だった。

3 社員は敵か?――労働組合結成にショックを受ける

独学経営の限界を突きつけられる

こうした施策のかいあって、一九七九(昭和五四)年九月の決算は大きな利益が出た。

社長と私は、これを税金にとられるより社員に分配しようと考えた。

ただし、一律に分配するのは悪平等である。社員を貢献度によって三ランクに分け、分配金に差を付けた。

ところが当時の社員数は四〇人弱である。特別賞与の金額に差があることがあっという間に社員間に広まった。どうもそれが、古参社員たちの不興を買ったらしかった。また、もともと労働運動を行っていた人が社員の中にいた。

それで明けて一九八〇（昭和五五）年の一月、突然社内に労働組合が結成され、私たちの知らない間に、社員のほとんどが参加した。

組合結成は憲法で保障された労働者の権利である。経営者は拒否できない。そこで、上部団体への加入はしないこと、管理職以上は非組合員とすることを条件として妥結し、正式に発足した。

労働組合の要求は、「賃金体系をつくれ」「評価制度を明確にせよ」ということだった。最近まで家族のようにやってきた会社だったのに、突然、敵と味方に引き裂かれたようでかなしかった。また人材育成や利益分配には十分配慮しているという自負があった。「自由な雰囲気の会社をつくろう」という経営目標も、社員たちに十分に伝わっていると思っていた。それを裏切られたような気がした。

しかしよく考えてみると、家族的・同志的集団から、合理的経営管理による技術集団企業への脱皮を図ろうとする過程で、社内体制に矛盾や不合理が生じていたのかもしれなかった。自分の姿は自分では正確に見られないものだ。会社をスタートして一〇年。売上が順調に推移する中で、こんな当たり前のことを私は忘れていたのだ。しかし何から手を付けていいかわからない。独学での経営には限界があった。

経営者同士が学び合う同友会との出合い

そこで私は、経営者としての勉強をしなければならないと考えた。

濱島社長と二人で、さまざまな経営者団体に入会し、セミナーに顔を出した。経営コンサルタントに会うために、名古屋から東京まで出かけていったこともある。

しかしピンとこなかった。勉強より交流、顔つなぎ、箔付けを重視しているところがほとんどだったのである。そんな折、「愛知中小企業家同友会が『経営指針』の成文化運動をやっている」という新聞記事を読んだ。これは後でわかるのだが、ちょうどその時期に愛知同友会は、会員を一〇〇〇人に増やそうという運動を盛んに行っていたそうである。

私は自ら事務局に電話をして、一九八〇（昭和五五）年の五月に入会した。

労働組合の結成は、私たち経営陣に勉強を強いた。その流れで、私は同友会へ入会することにした。これが結果として自分の経営者人生によい影響を及ぼすこととなった。

経営者は先手を打つ

たとえば、労働組合への対応について、同友会の集まりでいろいろな人に相談をした。全員が中小企業の経営者なので、似たような悩みを抱えた者がほとんどだ。それに愛知同友会は組合活動をやりすぎて、会社を飛び出して独立した経営者も多くいた。だから机上の空論ではない、実際にあった話を聞くことができた。

それに加え、同友会には先達が苦心惨憺《さんたん》してまとめた多くの意見や見解の蓄積があった。また、それらをわかりやすく紹介してくれる先輩たちがいた。

それらに触れ、出した結論は実に簡単なことだった。

経営者が先手を打てばいいのである。

組合から要求が出てきたら、その要求以上の回答を示せばいい、というわけだ。

ただし、言うは易く行うは難し、である。

実践するには、組合以上に勉強していなければならない。一つひとつの仕事のこと、現場の事情、会社のこと、資金繰りや営業状況……。それだけでなく、世間の動きや政府の方針などにも、常にアンテナを張り巡らせ、自社と社員たちの利益に与するにはどうすればよいかを考え抜くのだ。

「共に学ぶ」会社を目指せ

これを実践できれば、組合交渉は社員教育の場に変わる。

交渉相手である組合委員長の任期はせいぜい二、三年。それに比べて経営者はずっと会社を見ている。本気で勉強している経営者なら、問題にならない相手なのだ。

しかし攻撃したり揚げ足をとったりするのではなく、筋道を立て、数字を示して、冷静に話す。そうすれば組合員は、会社が何を目標とし社員たちと何を共有したいのかを自ずと理解するのである。経営者が一方的に説明するより、よほど社員たちの肚《はら》に落ちてくれる。これにはずいぶん助けられた。

労働組合の利点

この他にも、経営者には大きなメリットがあった。

会社が大きくなると、中間管理職を設けざるをえない。当時の私たちの会社がそういう状況だった。すると、現場社員の要求や不満が経営者まで伝わりづらくなる。中間管理職がフィルターの役割を果たしてしまうからである。こうなると現場社員が会社を敵対視するようになる。また現場で起きている致命的な問題を会社が見過ごす原因になる。

しかし組合という迂回路ができると、こうした現場社員たちの考えや思いを直接知ることができる。よって、経営判断の精度が向上するのである。

3 私は何を目指したのか

1 経営者の羅針盤『労使見解』と出合う――経営者としてのあるべき姿とは

私がこのような考えをもつに至ったのは、同友会の『労使見解』に出合ったからである。

詳細は第二章で述べるが、愛知同友会の労務労働委員長となり、中同協の会議に出席するようになった。そこで、多くのすばらしい方々と出会い、彼らを通じて『労使見解』の精神に触れたのである。

以後、私はこれをバイブルのように扱い、さまざまな機会に紹介している。

ここで『労使見解』の概略を紹介しよう。

略称『労使見解』は、正式には「中小企業における労使関係の見解」という。

一九七五（昭和五〇）年二月一三日に中同協が発表した。

見解をとりまとめ、発表にいたった経緯は、作成メンバーの一人でもあった元中同協会長の田山謙堂氏が、次のように述懐している。

東京同友会が発足した当初から、中小企業において、どのような労使関係、従業員と経営者が本当に信頼できる関係をつくっていくか、経営者と一緒になって経営に取り組める、そういう関係はいったいどうして作っていったらいいのか、ということは、最大のテーマでした。……当時は、……代表的な労働組合、例えば総評は「中小企業家といえども、資本家である。大企業の労働者も中小企業の労働者も、労働者に違いはない。……従って組合の態度というのは、総労働と総資本という関係で考える」ということを、一貫して言っておりました。……中小企業の経営者にはそれに対する反発と憎しみが当然ながら生まれてくることで、企業の中でさまざまな混乱と感情的な対立、争議が繰り返し行われて、お互いに大変に不幸な状況が生まれていました。……ところが自分たちの企業の中で働いている社員、組合員たちは、中小企業の実態をよく知っているんですね。こういうことをやるべきではない、ということをよくわかっているが、全体で討議する、また上部の指導となると、必ずしもそういう良識がなかなか通らない。それで、中小企業にふさわしい労使関係はどうあるべきかを、われわれ自身が考えて、それを労働団体や、政党に訴え、自分たちの考え方を貫いていく、そういうことをしないと中小企業における労使関係はうまくいかない。どうしてもこれは避けて通れない。そういう状況が当時あったわけです。

(中小企業家同友会全国協議会『人を生かす経営』一四〜一六頁)

経営者としてのあるべき姿を学ぶ

五〇歳以下の経営者にはピンと来ないだろうが、戦後まもなくから一九八〇年代前半までの日本では労働運動が盛んに行われ、ストや団体交渉が珍しくなかった。大企業はもちろん、家族経営の延長のような中小企業も例外でなく、そのために健全な会社運営に支障をきたすことがたびたびで、引用文にもあるように、経営者と労働者（社員）は敵同士であるような風潮も生まれていた。そんな風潮に疑問を呈し、新しい経営者と社員の関係を提案したのが、この『労使見解』だったのである。

一九七五年に発表されたものであるにもかかわらず、私が初めて接した当時も、そして二〇一八（平成三〇）年現在も、『労使見解』は、みずみずしい生命力を感じさせてくれる名文である。そのうえ、『労使見解』はよく読み込んでみると、組合対策というような狭い範疇《はんちゅう》を超えて、「経営者としてのあるべき姿」が端的に描かれているのがわかる。

これをよく理解し実践の礎とすれば、会社はかならず発展するだろう――。

私には『労使見解』が会社経営の羅針盤に見えた。

2 『労使見解』に書かれていること

では『労使見解』には何が書かれていたのか。これについては、各同友会で繰り返し述べられている。しかし、本当に大切なことは何度繰り返しても多すぎるということはない。ここで要点をおさらいしておこう。

まず、『労使見解』は八項目から成る。

①経営者の責任
②対等な労使関係
③労使関係における問題の処理について
④賃金と労使関係について
⑤労使における新しい問題
⑥労使関係における新しい次元への発展
⑦中小企業における労働運動へのわれわれの期待
⑧中小企業の労使双方にとっての共通課題

私が注目したのは、①②③、そして⑧である。

この点について、二〇一五（平成二七）年一月に改訂された『人を生かす経営――中小企業における労使関係の見解』（改訂第三版第三八刷）の「まえがき」の一部を再掲載させていただきたい。

……『労使見解』から学ぶべき点は、第一に経営者の経営姿勢の確立です。これこそ、社員との信頼関係を築く出発点になります。第二に、経営指針の成文化とその全社的実践の重要性です。第三に、社員をもっとも信頼できるパートナーと考え、高い次元での団結をめざし共に育ちあう教育（共に育つ）を重視しているということです。第四には、経営を安定的に発展させるためには、外部経営環境の改善にも労使が力をあわせていこうということです。……どんな時代にあっても、労使の団結こそが難局をのりこえる確かな保証です。

（中小企業家同友会全国協議会『人を生かす経営』二頁）

とくに強調したいのは、第一にあげられた「経営者の経営姿勢の確立」だ。

『労使見解』では、①の中で、とてもきびしい言葉を用い、以下のように表現している。

①……経営者である以上、いかに環境がきびしくとも、時代の変化に対応して、経営を維持し発展させる責任があります。……

身の引き締まる文章である。私はとくに「発展させる」という文言を強調したい。発展するにはどうすればよいかを考え続けることが、経営者も社員も成長するための一番のクスリだからである。そして、経営者はその責任を全うするために、

……企業の全機能をフルに発揮させて、企業の合理化を促進して生産性を高め、企業発展に必要な生産と利益を確保するために、全力を傾注しなければなりません。そのためには、われわれ経営者は資金計画、利益計画など長期的にも英知を結集して経営を計画し、経営全般について明確な指針をつくることがなによりも大切です。

と、第二にあげられた「経営指針の成文化とその全社的実践の重要性」をうたっている。

第三にあげられた「社員をもっとも信頼できるパートナーと考え、高い次元での団結をめざし共に育ちあう教育（共に育つ）の重視」は、②③で述べられている。

②……労使は相互に独立した人格と権利をもった対等な関係にあるといえます。……人格としてはまったく対等であるが、企業の労働時間内では経営権の下における管理機構や、業務指示の系統は従業員にとって尊重されるべきものです。

③……労使の間で日常不断に生まれてくる労働諸条件やその他多くの問題の処理については、労使が対等な立場で徹底的に話し合い、労働組合のあるところでは団体交渉の場において解決することが原則であると考えます。……しかし同時に、いわゆるものわかりのよい経営者がイコール経営的にすぐれた経営者とはいえません。／労働条件の改善について、直ちに実行できること、実行について検討してみること、当面は不可能なことなどをはっきりさせることが必要です。／もし、それを実行しなければ経営は前進しないし、経営者として従業員にも責任を負えないような重要問題については、全情熱をかたむけて労働者を説得し、あらゆる角度から理解と協力を求める努力をつくさなければなりません。……職場内の会社組織を通じ、

その他あらゆる機会をとらえて、労使の意志の疎通をはかり、それぞれの業界や企業のおかれている現状や、経営者の考え、姿勢をはっきり説明すると同時に、労働者の意見や、感情をできるだけ正しくうけとめる常日頃の努力が必要です。

第四「経営を安定的に発展させるためには、外部経営環境の改善にも労使が力をあわせていこう」は、『労使見解』⑧にまとめられている。

⑧……「中小企業家がいかにして企業努力を払ったとしても、労使関係に横たわるすべての問題を企業内で解決することは不可能」です。……これらの問題を解決するために、……中小企業経営者と中小企業労働者とは、同じ基盤に立っていると考えます。

大企業は人数が多いだけにごまかしがきく。

一方、中小企業は少数精鋭であるだけに、組織の力がむき出しになる。

むき出しの組織力とは、社員一人ひとりの能力を最大限まで引き出すことができるしくみがあるかどうかである。しくみをつくるのは、会社の中では経営者以外にいない。経営者はそのことに重大な責任を負うのである。

3 「よい会社を目指す」覚悟

まずビジョンをもとう

『労使見解』には当たり前のことしか書いていない。

この当たり前のことができていないのが、中小企業の経営者なのである。

だから、本章冒頭にあったような「ビジョンがもてない」という悩みをもつ経営者は、驚くほど大勢いる。

しかし考えてみてほしい。

何事につけ「ビジョン」（＝未来予想図）を描かずに行動する者はいないはずだ。

野球だって、点をとって勝ちたいというビジョンがあるから、バットを振る。バットを振りたいだけならただの乱暴者である。そんなやつは野球をしているとはいえない。

ところが会社の運営となると、そういう経営者がそこここにいる。

一方、会社のビジョンを描けない経営者の気持ちもわからないでもない。

人間誰しも、自分のことを最優先するからだ。

次に家族。ずっと後にようやく社員、というわけだ。

だが、それでは社員にそっぽを向かれて当然である。社員だって、まず自分、次に家族、ずっと後にようやく会社となるからだ。それが人間として当然なのである。そして、自分たちのことを考えてくれない者の言うことなど聞かない。

社員は対等なパートナー

ビジョンをもとう。

一〇年後、二〇年後の自社の「発展した姿」を想像しよう。

そのために今、何をしなければいけないか。

社員を「対等なパートナー」として認めることが第一だ。

次に、対等なパートナーである社員と、「経営理念」や「ビジョン」を共有することだ。

経営理念とビジョンを共有したら、それを実践するために、経営環境と自社の経営力を分析して「経営方針」を決定しよう。

経営方針が定まったら、それをもとに単年や中期の経営計画を策定する。

経営理念、ビジョン、経営方針、経営計画すべてを包括して、同友会では「経営指針」と呼ぶ。この経営指針を達成するために、規則や目標を設けるのである。

目標を達成し、理念を実現できれば、経営者も社員も幸せになれる。実はこの先にある社会全体の幸福にも貢献できる。

これらはつまり、「よい会社になる」ということである。

理念とビジョンは社員と共につくれ

ただしこれらは一朝一夕にはいかない。

私たちの会社では、一九八〇（昭和五五）年に私が同友会に入会してから、経営指針を成文化するまでに八年という歳月がかかった。

さらにはその二年後の一九九〇（平成二）年、社内に一三の委員会を設けて、社員による理念の見直しと新しいビジョンの検討を行った。経営陣だけで作成したわけではないというところが肝心である。

そして私が社長に就任した一九九一（平成三）年に、「水を中心とする環境文化と、安全で快適な自然環境の創造を通じて社会に貢献します」という経営理念を策定し、理念を実現するための「環境・品質方針」を定めた。

さらには「二〇〇一年ビジョン」をまとめた。「一〇年後の会社」である。これは同友会の先輩から、「自分の思いをA４判一頁にまとめろ」と教えられたことを、素直に実践に移したものだ。「企業の全体像」という大項目の下に八つの小項目、「事業推進コンセプト」という大項目の下に六つの小項目を起こし、それぞれについて、美辞麗句を廃した、短く端的な表現で記している。

委員会によってCＩの導入も決定した。長年慣れ親しんだ「綜合施設サービス株式会社」から、社内公募によって選ばれた「株式会社エステム」へ社名とロゴを変更した。

CＩ活動は単なる看板の架け替えではない。

私たちはこの活動を通じて、「社会に歓迎され、認められる真の企業と企業像（イメージ）を改めて組み立てる作業を行い、会社の行き方（目的）を実現するために、会社や社員がどういう行動をとったらいいのかを考える」ことを行ったのである（株式会社エステム創立四〇年記念誌『みずすまし』四頁）。

会社を変えた大卒定期採用

さらに長年の懸案だった中間管理職の育成にもさらなるテコ入れを行った。

大卒者の定期採用である。

それまでに入社した人材も優秀だったが、職人気質の者が多く、組織で動いたり、後輩育成を視野に入れながら働いたりすることが不得手である人が多数いた。組合が結成された一九八〇（昭和五五）年には、それまでの中途採用者ばかりの野武士集団化を改めるべく、主に高卒者を対象にした定期採用を始めた。

さらに一九八六（昭和六一）年からは、年一人程度の大卒者採用を開始した。しかし人材育成は思うように進まなかった。このままでは、ビジョンの達成はむずかしいことは目に見えていた。そこで、リーダーとなりうる人材として、女性も含めた大卒者の定期採用に踏み切った。

当時、日本経済はバブル景気の只中にあり、俗に「３Ｋ（きつい、きたない、きけん）」といわれていた水処理の仕事は見向きもされなかった。しかし、私たちには経営理念があり、ビジョンが明確にあった。理念が人事担当者の背中を押し、全国にまたがる大卒採用ルートをつくり上げてくれた。現在、環境問題への関心の高まりとともに、私たちの会社を志望し、入社後も明確な目的意識をもって働く人材が増えている。

社員が一番うれしいのは、自分に後輩ができることである。そして、人が一番成長するのも、自分に後輩ができることである。定期採用は、私たちの会社を大きく変えた。

実は最初、定期採用をしたくらいで会社の雰囲気が変わるわけがないだろうと半信半疑だった。しかし同友会の先輩から、「定期採用を継続し、定期採用の社員が全社員の半分以上になった時に会社が変わる」と言われた。

これは本当にそうだったと実感している。

楽をしたいなら経営者を辞めろ

先に引用した当社の「創立四〇年記念誌『みずすまし』」では、この一連の改革が行われた時代を「第二創業期」と位置づけた。その影響は四半世紀が経過した今も続いている。

私たちの会社は、水処理プラントの運転管理（オペレーション&メンテナンス）が仕事である。大きな仕事の受注ともなると一〇年単位で考えなければならないから、未来像も自ずと一〇年単位になる。

だからといって外部環境が目まぐるしく移り変わる小売業のような業種の経営者は、目先のことだけを考えていればよいというのではない。
すべての会社には、近くを凝視する目と、遠くを望む目の両方が必要なのである。
経営者には、やらなければならないこと、学ばなければならないことが山ほどある。
やってもやっても、次から次へと学ばなければいけないことが湧いてくる。
楽な道ではない。
しかし、楽をするために経営者を目指したわけではないだろう。
楽をしたいなら、経営者など辞めるべきだ。
経営者は喜んで苦を選ぶ。
つまり、学ぶのである。

第2章

自ら深く学ぶ経営者を目指す

―― 同友会会員としての半生

1

悩み——経営者は孤独です

1 「自分を孤独にしているのは君自身だ」

野球でいうなら、経営者は会社というチームのエースピッチャーだ。

試合の勝敗は、あなたの右腕だか左腕の出来にかかっているように見える。自分でもそう思い込んでいるだろう。

しかし、エースであるあなたが乱調でも、味方が奮起して、敵以上に点をとれば勝てる。

一方、あなたがどんなに好調でも、味方打線が沈黙してしまえば、勝利はない。

勝敗のカギはエースの腕ではない。チーム全員の力なのである。

経験が浅く、すぐに調子を崩すピッチャーがいる。

自分の不調や味方のエラー、時にはスタンドのやじで精神的に追い込まれ、フォアボールを連発したり、ど真ん中に投げてしまったりする。

そんなピッチャーを揶揄《やゆ》して、よく「一人相撲をとっている」などという。

「孤独だ」

とつぶやいてばかりいる経営者は、そんなピッチャーの姿に重なる。

彼らは、チーム（＝社員）を信用していないのである。

チームを信用していないから、「おれが抑えてやろう」と必要以上に力む。するとストレートは棒球《ぼうだま》になり、変化球はストライクゾーンに入らなくなる。投球テンポも不規則になり、バックを守る者たちのリズムが乱れ、エラーが増える。エースはチームメイトを罵る。そんなやつを勝ち投手にしてやろうなんていう野手はいない。バッティングは適当になる。積極的に次塁を狙おうなどとは考えもしない。必敗パターンである。

「うちにはそもそも信用に足る社員がいない」などと言う経営者もいる。

これには、さすがに腹が立つ。

「信用できない社員を育てたのはおまえだろう」

経営者を孤独にするのは、経営者自身なのである。

2 経営者は「学びの場」「叱られる場所」を求めよう

第二章では、同友会という組織が、いかに私にとって重要であったかを述べる。

同友会での学びによって、株式会社エステムが「第二創業」を完遂したことは前章の終わりに話した通りだが、私が同友会から受けた影響はそれだけにとどまらない。

「だめ出し」である。

会社では経営者はトップと呼ばれる。役員といえども、直言してくれる人間はなかなかいない。また、経営者は我の強い人間が多い。人に指示されるのが嫌で会社を立ち上げた者がほとんどだ。そういうタイプで、部下からのだめ出しをしっかり受け止めることのできる人はそう多くない。

これが亢進すると、経営者は誰の話も聞かなくなる。逆に誰も、経営者にまともな情報を教えようとはしなくなる。そんなことをしても、怒鳴られたり遠ざけられたりするだけで何のメリットもないからだ。

経営者は誰でも、孤独なエースピッチャーになる危険性をはらんでいるのである。

ところが同友会は経営者の集まりだ。

きびしいことをビシビシ指摘してくる。

私も同友会では、遠慮会釈もなく攻撃されたものだ。

かっと頭に血が上った回数は、一度や二度じゃきかない。

しかし冷静になった時、会友の指摘が正しかったことに気づく。

そして、自分の顔は自分では見られないという真実を、しみじみとかみしめるのである。

後年、私は同友会でやり込められ、憤懣《ふんまん》やる方ないといった表情をしている人を見つけると、

「今日のこんちくしょうは一〇年後のありがとう、だ」

となぐさめた。

自分自身で体験したからだ。

果たして、こんな経営者の集まりが他にあるだろうか？

他になかったから、私は同友会を選んだ。

きびしく、むずかしく、つらい決断を何度もしたけれど、私は孤独ではなかった。

3 人物を見定める選球眼を磨け

ストライクは二割

だが、気をつけなければならないことがある。

同友会には四万六〇〇〇人以上の会員がいる。

他の経営者の集まりに比べると、コツコツと勉強するタイプが多い。

しかし中には「学び」を求めて入会してきたわけではない人もいる。「人に勧められてなんとなく」とか「名刺を集められればそれでいい」とか。だから、同友会では誰もがよい刺激を与えてくれるというわけではない。

野球だって、いくら名門高校、強豪チームに入っていても、才能があり、かつ研究と練習に余念がない選手など数えるほどしかいないのと同じなのだ。同友会の会員だからといって、高い意識の持ち主ばかりではない。

私は入会されたばかりの人にはかならず、

「選球眼を磨きなさい」

とアドバイスをする。同友会活動を有意義なものとしたいなら、よい先輩、よい同期、

よい後輩を見つけなさいという意味である。人を分類するのは気が引けるが、同友会の仲間たちをあえて分けるとするなら、

ストライク――二割
微妙――六割
ボール――二割

と考えてよいだろう。

二割のストライクと出会うにはどうすればいいか？

たとえば、たまにしか会の集まりに出席してこない人、出席しても趣味や遊びの話ばかりしている人……。こういう人は明らかなボールである。手を出してはいけないことは、指摘するまでもない。

集まりにはかならず顔を出し、活動も熱心。発言は理路整然としており、何より実践の裏づけを感じることができる――。こういう人は明らかなストライクである。逆の意味で、私が指摘するまでもない。

「微妙」は「実践」を問え

問題なのは、六割を占める「微妙」な人たちの判断である。

私はこういう人に会った際、考えを尋ねるだけでなく、実践の有無を問う。

最近は、同友会会員の傾向が変化してきている。以前は社員数人の中小企業を経営する「本当の意味の中小企業家」がほとんどだった。ところがこの数年は、税理士などのいわゆる「士業」や「経営コンサルタント」の肩書をもつ人が増えている。なおかつ社員を抱えない「一人親方」も増加傾向だ。

第1章で述べたように、中小企業の経営の要は「社員との関係」である。彼らの中にも優秀な人はいるが、「社員との関係」で実際に悪戦苦闘している人は少ない。逆に最新の理論を用い、カタカナ言葉を振りまいて、それらがあたかも魔法の杖のように問題を次々と解決してくれるようにいう人が多い。

勉強熱心なのはいい。しかし実践が伴っていない。成功も失敗も机のうえでしか経験していないから、大切なところに目が届いていない。

こういう人たちは「微妙」である。

だから、私は実践を問う。

同友会での学びは経営者人生の宝

また、それ以前に為すべきことがある。

同友会の集まりには積極的に参加することである。宴会がセットされている時だけとか、年末年始の区切りの時だけとか、知り合いが参加する時だけとか、そんな選り好みをしているようでは、よい出会いにはならない。

活動に熱心に関わることも必要である。役職就任の打診があったら迷わず受け入れて、役目を全うすべきだ。

みなさんご存知の通り、同友会は各地域で独立した団体だが、それらのまとめ役である中同協という組織がある。そこでの会議には、全国の同友会から選りすぐりの勉強家が集まる。同友会の役職者になると、この中同協の集まりに呼ばれるのだ。

ここでの会話、論戦、叱咤、激励はすばらしい。

他の何ものにも代えがたい経営者人生の宝になると、私は断言する。

なぜ断言できるかというと、私がまさに経験し、吸収し、実践したからだ。

2 私はなぜ同友会活動に熱中したか？――同友会と歩んだ三七年

1 愛知同友会時代の学び

皆勤を自らに課して信頼を得る

ここで私の同友会での歩みを振り返りたい。

前にも述べたように、私が同友会に入会したのは一九八〇（昭和五五）年である。南東海地区に所属することになった。製造業「ものづくり」の中小企業が多い地区である。財閥系の大企業の下請が多く、好不況の波をもろにかぶる。

当時から同友会は「ただの親睦団体ではない、まじめで勉強熱心だ」と評判だった。これはうぬぼれではない。なぜなら、金融機関の支店長や自治体の職員が、同友会だと聞くと高く評価してくれるからだ。金融機関の支店長などは数年で転勤する。よって広い情報網をもつ。そこで評判なのだから、われわれの熱心さは折り紙付きといってよい。

私も先輩から、「同友会は勉強の場だから、毎回かならず出席して勉強するように」と言われた。貴重な時間を使うのだから、徹底的にやろうと決めていた私は、一も二もなくその先輩のアドバイスに従おうと決心して、それを実行した。

すると翌年、熱心さが認められて幹事を仰せつかった。

同友会は、当人の姿勢如何で役職が回ってくるのである。

本物の勉強会でなければ意味がない

そして三年後の一九八三（昭和五八）年に、同友会南東海地区の地区会長となる。

実は副会長を拝命していたのだが、当時会長を務めていた人の会社が倒産し、会員資格を喪失してしまったため、私が繰り上がったのである。

地区の会員は六〇人ほどである。少数だが組織である以上、まとめる苦労は大組織と変わらない。その後、四年一ヵ月にわたり、地区会長を務めた。

幸いなことに、私は勉強したり、人の面倒や団体の世話役として働いたりすることが苦にならない性格だった。こ

愛知同友会南東海地区会長となった1983（昭和58）年７月には、初めて中同協総会に参加した（北海道札幌市の時計台前にて。左が筆者）

れには、学生時代に団体スポーツである野球部に所属していたり、卒業後に工場勤務を通じてサラリーマン生活を知ったり、結婚後にビスケット工場の運営に関わったりしたこと、などの影響があると思う。

リーダーが真になすべきは「継続」と「変革」

さて、他の団体に比べて勉強熱心といっても、私が就任する前は、座敷に膳を並べて、料理を食べ酒を飲み、それから勉強会と称して歓談をして終わりということが多かった。

私はそんな集まりをすべて廃止し、本物の勉強会を実施しようと決めた。

膳は「ほかほか弁当」に変えた。

歓談は、下請工場の最大の弱点である営業力を付ける勉強会に変えた。

いろいろと文句を言う人はいた。だがけっして止めなかった。歓談を中止した代わりに、年に一回一泊で温泉旅行を企画し、そこで出張勉強会を行った。どこへ行っても勉強である。酒を飲んでいいのは、三月の例会の席だけにした。

また、一二月には「チャリティー忘年会」を開催した。年末には各社にお歳暮が届く。それを持ち寄ってオークションを実施し、集まった現金を、会員が運営している福祉施設に寄付するのである。同友会理念に「国民や地域と共に歩む中小企業をめざす」と記してあったからだ。理念は実践に移してこそ意味がある。

このようにして、私は同友会南東海地区の中身を変えた。

リーダーの仕事には二つある。

ひとつは先達が積み上げてきたことの「継続」である。

もうひとつは、悪いことをすべて「変革＝変えていくこと」だ。

継続もむずかしい仕事だ。それなりの意味もある。しかし誰でもできる。ところが変えるのはリーダーしかできない。逆にいうと、変えることこそリーダーの役目である。これは同友会のような団体でも、会社でも同じだ。

優秀な経営者たちと議論せよ

さて、私は一九八八（昭和六三）年に、愛知同友会の労務労働委員長を務めることとなった。この時も最初は副委員長だった。だが委員長が諸事情により一年で辞めたため、私にお鉢が回ってきたのである。私の人生にはこういうことが多い。

それはさておき、各都道府県の労務労働委員長は中同協労働委員会（現在は「経営労働委員会」）の委員となり、年二、三回、東京で開催される委員会に出席できることになった。

これにはわくわくした。

委員は優秀な経営者ばかりだったからだ。

数百人規模の労働争議を相手に奮闘し、見事に会社を立て直した経験をもつ川原巧氏（故人）が委員長を務めていた。その他も、私の前に中同協会長を務めた赤石義博氏（故人）や、元中同協幹事長の河野先氏、東京同友会の代表理事を務めた井上三郎氏（故人）、京都同友会の上野修氏といった錚々《そうそう》たるメンバーがいた。

当時、私は四〇代後半だったが、一回り上の彼らは、一九五〇年代から七〇年代にかけての労働争議全盛の時代を経営者の立場で乗り越え、『労使見解』がまとめられた一九七五年当時も、最前線で奮闘していた張本人だった。いきなり四番バッターばかりのチームに放り込まれたようなものである。

実は私は、それまで『労使見解』にあまりなじみがなかった。

同友会は各地域によって独立した組織である。私が加入した愛知同友会は、創設メンバーの遠山昌夫氏の影響で、「そうはいっても中小企業はまず、資金や利益といったお金のことを先に整備しなければいけない」という勢力が強かったのである。

そういう理由で、愛知同友会の中にとどまっていた時は、『労使見解』について真剣に取り組んだことがなかった。

しかし、資金や利益をまず考えようとする愛知同友会の方法論に対し、その前に経営者としてのあり方を説き、社員との関係を整理し、さらには会社本来の使命を明らかにし、それらを実現するために、資本や利益についての責任ある計画立案と実践を行うべきだという『労使見解』の主張のほうが、私には理にかなっているように思えた。

たぶん、私と同じように考えた者は多かったのだろう。当時の中同協労働委員会は、『労使見解』をはぐくむ巣となり、「中小企業労使問題全国交流会」(現在は経営労働問題全国交流会)や全国総会などを通して、全国へ『労使見解』を伝えていった。

「社員の休みを増やせないような経営者はだめ」

「同友会といえば『労使見解』だ」という見方が生まれたのは、このような流れが強く影響している。ちょうど年号が昭和から平成に変わる一九九〇年前後のことだ。

この頃、中同協の勉強会で盛んに言われていたのが、

「社員の休みを増やせないような経営者はだめ」

ということだった。

日本経済は円高不況を克服し、バブル景気に向かって急上昇していた。一方、超売り手市場の就職市場の中で、中小企業は深刻な人手不足にあえいでいた。仕事はあるが、人手が足りない。矛盾を解消するには、現場社員にがんばってもらうしかない。休みを増やすなどとてもじゃないができない。

ところが中同協では先のような意見が主流を占めている。私が愛知同友会の仲間にこの話を伝えると、案の定、「冗談じゃない」という反応が返ってきた。

しかし、同友会には『労使見解』がある。『労使見解』では、経営者には「いかに環境がきびしくとも、時代の変化に対応して、経営を維持し発展させる責任」（経営者の責任）がある一方で「労働者、労働組合の基本的権利は尊重するという精神」（対等な労使関係）が求められている。

理想は掲げるだけでは何の意味もない。実践してこその理想だ。「いかに環境がきびしくとも」本物の経営者たる者は、社員の労働環境に配慮を惜しんではいけないのである。

私は粘り強く、愛知同友会の仲間にこの考えを伝えると同時に、自分の経営する会社でもこの精神を実行に移した。第1章で触れた株式会社エステムの「第二創業期」は、ちょうどこの頃に当たる。

愛知同友会の労務労働委員会では、当時副委員長を務めていた加藤徳夫氏（故人）の協力に幾度も助けられた。加藤氏は社会保険労務士事務所を経営する士業の人だった。「労使」はまさに彼の専門領域であり、銀行に勤め、組織の中で揉まれた経験も豊富だったため、その精神をよく汲んでくれた。また私と二人三脚で委員会の運営にも尽くしてくれた。労務労働委員長時代の五年間は彼の協力なしにはありえなかった。

ゴルフで結んだ第三支部

そして一九九一（平成三）年の株式会社エステム社長就任に合わせ、翌一九九二（平成四）年に、愛知同友会第三支部長に就任した。

それまで何度か打診はされていた。しかし、大きな組織の運営に関わるには、自社のナンバー2では都合が悪いというのが私の持論だった。それで固辞していたのである。

愛知同友会第三支部は、名古屋市の南側の地区を束ねる。当時四〇〇人ほどの会員が所属していた。

支部長に就任すると、まず各地区へ挨拶に回る。どこも「今度支部長になった鋤柄というのはどんな男だ。お手並み拝見といこう」と手ぐすねを引いて待っている。

こちらは道場破りに行くような心境だった。

当時、私は趣味のゴルフに熱中していた。大学卒業と同時に止めた野球に代わり、遊びと体力維持のために始め、二〇年近いキャリアになっていた。だからゴルフを通じた知り合いが各地にいた。地区にそういう人がいるとあっという間に親しくなった。また知り合いの知り合いを辿っていけば、たいていの経営者はつながる。それを調べておくと一挙に親近感を与えることができる。こうしてたちまち、四〇〇人とつながり、「みんなで一緒にがんばろう」という機運が形成された。

体力づくりのために始めたゴルフは生涯の趣味となった。また人脈形成にも役立った。1997（平成９）年３月にはホールインワンを達成。関係者を集めて祝賀競技会を開催した

こうして「愛知同友会で一番元気なのは第三支部だ」という時代を築いた。

振り返ると、この第三支部長時代が同友会活動では一番楽しかった。

活動は多岐にわたった。

たとえば、それまで地区ごとに行っていた勉強会の枠組みを支部に広げた。オール第三支部の勉強会というわけである。広く、多く参加者が集まることで議論の質が向上し、先に述べた「ストライクな経営者」と出会う確率も高まる。また参加者が増えると、招聘《しょうへい》する講師のレベルも高くできる。

経営者同士の集まりといっても、名前と顔と名刺は知っているが、実際に何をつくりどんなサービスを提供しているのかということを知らない場合が多い。そこで、自社の製品を持ち寄って紹介する集まりも開催した。

「J1を目指せ！」

会員増強運動にも力を入れた。

二〇一七（平成二九）年現在、二〇〇〇人以上の会員をもつ都道府県同友会が七つある。北海道、愛知、広島、大阪、東京、福岡、福島である。当時から愛知は盛んで、北海道につぐ二番目だったが、さらに運動を盛り上げようと、私たちはがんばった。

以前、東京同友会の人から、会員増強運動を盛り上げたいので、何でもいいから発破をかけてほしいと頼まれたことがあった。その頃、東京同友会は二〇〇〇人の会員数をぎり

ぎり保っていた。そこで、

「プロサッカーでいうと、会員数一〇〇〇人以上の同友会はＪ２、二〇〇〇人以上がＪ１だ。みなさん、うかうかしていると、Ｊ２に降格するぞ」

と言った。この発破がきいたのかどうか、東京同友会は今でも二〇〇〇人を維持している。そして現在、京都や千葉、兵庫がＪ１入りを目指して奮闘していると聞く。

リーダーの情熱が組織を伸ばす

目標をもつ、目標をわかりやすくする、わかりやすくなった目標を共有する——。これは何かを達成する時の定石である。そして、この一連の作業は、リーダーの仕事のひとつだと思う。

だがその前に、リーダーには、必要不可欠なものがある。

たとえば、北海道同友会がナンバーワンなのは、大久保尚孝氏（故人）という傑物の事務局長がいらっしゃったおかげだ。この人が北海道全土に同友会を広めた。

彼は銀行ＯＢだった。銀行というのは各地に支店をつくり、取引先を広げていく。現地へ赴き、各企業を訪問して、足で得意先を開拓していく。それを大久保氏は、事務局員を使った会員勧誘活動に応用したのだと、私は考えている。

一方、他の同友会は、会員が会員を呼んでくる。ほとんどの同友会事務局は、自らが訪問するような勧誘活動に熱心ではない。

その努力の差が会員数という結果となって表れたのである。

情熱だ。

組織は、情熱のあるリーダーがいるところが伸びる。

これは同友会だろうが中小企業だろうが変わらぬ真理である。

自由を得たければ責任を引き受けろ

さて、私は一九九四（平成六）年に愛知同友会の副代表理事を仰せつかった。

愛知同友会は、会長と代表理事の二頭立ての組織である。会長は対外活動を担い、代表理事は副代表五人を加えた理事会を主催する。会長が退くと代表理事が会長となり、副代表理事の筆頭が代表理事に就く。

愛知同友会では、ワンマン会長の強力なリーダーシップで運営されていた時代も、四人の代表を置き合議制をとっていた時代もあった。

だがどちらも一長一短があったということで、この形に落ち着いた。
ところが副代表理事となって一年も経たないうちに、上場する自社の経営に専念したいという理由で、会長が職を辞してしまった。それで代表理事が会長となり、私が代表理事に繰り上がることになった。

私の場合、「ナンバー2」を仰せつかると、なぜか「ナンバー1」に繰り上がる。自社のエステムでも、同友会の地区会長も愛知同友会の労務労働委員長でも同様だった。不思議なことだが、こればかりは何か運命を感じる。

「ナンバー2で十分。ナンバー1は責任が大きいし固辞したい」という人は案外多い。
一方、私は、愛知同友会第三支部長を打診された時以外は断ったことがない。それはナンバー1となり、自分のリーダーシップで組織を引っ張ることに生きがいを感じるからである。ナンバー2は責任こそ軽いが、やりがいがない。自由がないからだ。自分があれこれ考えても、ナンバー1が拒否すれば終わりだからである。

責任と自由は表裏一体である。

私は自由を得るために責任を引き受ける。

ナンバー1になる人とナンバー2になる人とでは、他の能力は同等でもリーダーとしての資質には大きな違いがあるように思う。そして、経営者にはリーダーシップが必要不可欠なのだ。ナンバー2を好む経営者は会社を大きくできる器ではない。

「会社が小さすぎる！」

このようにして一九九五（平成七）年、私は愛知同友会代表理事となった。

この後、一〇年の長きにわたって、この重責を担わせていただくことになった。

会社に戻ると、私は代表理事になったことを利用して、社員に檄を飛ばした。

「おれは愛知同友会の代表理事になったんだぞ。今のままじゃ会社が小さすぎる！」

我ながらオーバーなことを言ったものだ。

だが、この時は真剣だった。

何しろ二〇〇〇人の会員をまとめなければいけないのだから、覚悟が必要だったのである。今考えると、社員の前で、こんなことをよく言ったものだと思う。

リーダーシップとは無私の使命感のこと

私は、どんなことでも改善できることはないか、今よりよくなるにはどうすればいいかを常に考えている。そして、変えるべき時にはあっさり変える。

何度も述べるように、変えることがリーダーの仕事だからだ。

この愛知同友会の代表理事時代、就任当初は理事の肩書をもつ者が一二〇人もいた。これでは意思決定が遅くなる。それに数が多いから、一人ひとりの責任感がどうしても弱くなる。そこでまず半分の六〇人にし、さらに三六人まで減らした。

日本は肩書社会の一面がある。その肩書を少なからぬ人から奪ったのだから失礼なことをしたとは思う。しかしふるい機構を守るより、より機能させることを選んだ。

選んだからといってすぐに実行には移せないと考える人もいるだろう。変化、改革にはかならず抵抗勢力がいるからだ。

これに打ち勝つのは信念である。

ただし、この信念は「自分のため」であってはならない。

「この改革は組織が要求していることである」

「この変化は世の中が求めていることだ」

自分ではない誰かのための信念でなければならない。

人間は弱い。そうしないと折れてしまう。

信念があれば、嫌われたくないとか面倒を起こしたくないとかいった邪《よこしま》な心を抑えて、改革を断行できるのである。

使命感のようなものだ。

「叱る」勇気も使命感が与えてくれる

この使命感がリーダーシップにつながる。

私は、自分が主導したことが失敗をしたら、すべての責任を自分が引き受けるという気持ちをいつも忘れなかった。だが責任など負いたくない。だから、成功するまでがんばろうという気力が湧いてくるのである。

これは「叱る」とか「毒舌」にも共通する。

叱ったり、毒を吐いたりしなくても、私自身は困らない。しかし、

「ここで一言言わなければ、組織は間違ったほうへ向かう」

とか、

「みんなが言いたいのだが、口火を切るには勇気がいる」

そう感じた時、使命感が、私を一言居士にしたり、やじ将軍にしたりする。

決断こそリーダーのだいご味

これは中同協会長時代の話だが、同友会の代表である中同協幹事を選ぶ際、いくつかの明確な基準を設けようということになった。基準のひとつに、「経営している会社が債務超過となっている場合は代表理事には選ばない」という項目があった。

しかしこれに異論を唱える人が現れた。同友会は経営理念に重きを置いている。ならば、多少債務超過になっていても、同友会の理念を忠実に実践している人なら、代表理事に選んでもよいのではないか、と言うのだ。

筋は通っている。しかし代表理事の会社が倒産したとなったら、同友会自体の信用が損なわれる。『労使見解』の精神にも反する。会社は「安定的に発展させなければいけない」からだ。理念を通せば倒産させてもいいなどとはどこにも書いていない。

よって、私は断固としてこの項目を守った。

決断力は、拒否する場合にも用いられなければならないのである。

また、後に述べる金融アセスメント法制定運動は、愛知同友会の若手の勉強会から始まり、福岡同友会が熱心に取り組み、やがて全国運動にしようという機運が盛り上がった。

しかし、愛知同友会の理事会では消極的な意見が目立った。私と愛知同友会会長の佐々木正喜氏（故人）とで話し合った結果、運動として理にかなっているし、若い人たちの勢いにここでふたをするわけにはいかないという結論に達し、反対勢力を押し切って、愛知同友会でも積極的に署名運動を行おうという方針を打ち出した。

運動自体への参加は出遅れたが、その分を取り返すように若手も理事たちも一生懸命に取り組み、最終的には同友会で一番の署名数約一三万筆を集めることができた。

もちろん、一人ひとりの努力がなければ、こうした偉業は達成できない。

しかし、「それ行け！」と号令をかける者がいなければ、一人ひとりの力はバラバラのままで終わってしまう。

そういう意味で、リーダーの決断は大切だ。

そしてそれが、リーダーを務めることの醍醐味なのである。

決断を率先して実行するのがリーダーの使命

さて、愛知同友会代表理事を務めた一〇年のうち、最後の三年間（二〇〇二〈平成一四〉年〜）は中同協の幹事長を兼務した。

中同協幹事長の仕事は、全国の同友会に運動の方向性を示し、全国の運動の成果や教訓を、報告という形で伝えることなどによって、運動を推進することにある。時には会長に代わり、各県の代表役員を説得したり、叱り飛ばしたりする汚れ役になることもあった。

第3章でも述べるが、金融アセスメント法制定運動や中小企業憲章制定運動、外形標準課税適用拡大反対運動、エネルギーシフトの学習や実践の促進といった、ひとつの同友会ではできない、同友会をひとつの運動体と考えなければ実効性が期待できないことについて、中同協は盛んに音頭をとった。

その先頭に立たなければならなかったのが幹事長だった。

もちろん、幹事長は組織内部の改革も深く関与する。

とくに正副会長会議の位置づけを変えた。当時は七人の副会長がいた。実際に動いてくれる人もいたし、半分名誉職のような形で役職に就いた人もいたが、私が幹事長時代に、全員に「会員五万名推進を担う」という明確な役割を与えたのである。この時も、「副会長だから気楽にできると思っていたのに、なぜそんなことまでやらせるんだ」と小言らしきことをこぼす人もいた。そういう人には、

「同友会に名誉職はありませんから」

といなした。

このように直言する代償ではないが、自分自身も幹事長として精力的に働いた。週に三度も四度も地方へ赴き、全国各地でみなさんと議論を戦わせた。体力も精神力も目一杯だった。幹事長三年目（二〇〇四〈平成一六〉年）には、ストレスで急性心房細動という病気になり二ヵ月間ドクターストップがかかった。

そこまでやったから、みなさんも従ってくれたのだと思う。

この副会長も実働部隊として動いてもらうという構想はようやく効果が表れてきた。最近では、私が何か口を挟もうとすると、

「鋤柄さんは黙っていてくれ。われわれで進めていくから」

と言う方も現れた。

とてもよい傾向だと思っている。

しくみと環境を整えるのがリーダーの役割

古い話だが、Ｖ９時代の読売巨人軍は、川上哲治監督の強いリーダーシップと牧野茂コーチの戦略で、圧倒的な強さを誇っていたといわれている。それも事実だが、川上監督は時々、サインの出し間違いといった凡ミスもあったという。

それをカバーしたのは長嶋、王をはじめとする選手たちの力だ。当時の巨人の選手たちはとにかく練習の虫だったらしい。中でもスーパースターの長嶋と王だ。彼らが練習をしているのに、他の選手が手を抜くわけにはいかない。そうやってチームの力がどんどん上がっていった。

では長嶋と王をそこまで駆り立てたのは何だろうか。

これは、常に強打者を他球団からトレードで獲得し、五番打者に据えたからだといわれている。また、どんなビッグネームでも、力が衰えた時は容赦なく切る川上監督の冷徹なマネジメントがあったからだという。

冷徹であることを奨励するのではない。

リーダーの仕事は、細かな指示を出し、みんなの尻を叩くことではなく、実力を発揮できるしくみや環境を整えてやることだということだ。

残念ながら、我が中日ドラゴンズにはそういうしくみはないようである。

また、今の巨人のやり方は私たちには何の参考にもならない。金をかけるだけかけてあの程度の成績では中小企業ならつぶれてしまう。

2 中同協で出会ったすばらしい人々

さて、私は二〇〇七（平成一九）年に中同協会長に就任した。

会長の仕事となると、また役割が違ってくる。幹事長時代のように言いたいことを言って、やりたいことをやるわけにはいかない。みんなの話をよく聴き、まとめ役にならなければならない。そこで、会長時代の話は、章を改め第3章で述べることにしたい。

ここでは、中同協で出会ったすばらしい人たちについて話そう。

「社会や人間のことを知らなければ、たくさんの社員を相手にできない」

私が中同協に関わるようになって、もっとも影響を受けたのは赤石義博氏（故人）だ。赤石氏は、一九六二（昭和三七）年に東京同友会に入会。一九八五（昭和六〇）年から一九九六（平成八）年まで中同協の幹事長、そして同年から二〇〇七（平成一九）年までは、私の前任者として中同協の会長を務めていた人物である。

たいへんな読書家で、内容も高度なものが多く、紹介された本を読みこなすのはたいへんだったが、それでも知見を広げるうえでたいへん有意義だった。

今でもおぼえているのは、ソースティン・ヴェブレン（Thorstein Bunde Veblen）という米国の経済学・社会学者の本を紹介されたことである。

ヴェブレンは一九世紀後半から二〇世紀初頭に生きた人物で、現代の産業は、ものを作る「インダストリー」と、金をもうける「ビジネス」に分けることができるが、ビジネスは産業を推進せず、むしろ産業を侵食すると説いた。

このヴェブレンとともに、赤石氏は日本の経済学者である宇沢弘文の著作も紹介してくれた。宇沢もヴェブレン同様に、成長優先の経済を批判して、大気や水道、教育、報道などを「社会的共通資本」と呼び、これらを市場経済に委ねずに整備する必要性を説いた人物だ。二〇〇一年にノーベル経済学賞を受賞したジョセフ・スティグリッツ（Joseph Eugene Stiglitz）は、宇沢がシカゴ大学で教鞭をとっていた際に、彼の指導を受けている。影響のほどはわからないが、スティグリッツも、GDPだけでなく、より広範な指標を用いて、経済の繁栄を測ろうという旨を主張し、いわゆる「新自由主義」とは違う道を指し示している。

これら推薦された本のレベルでわかるように、赤石氏は「学究肌」である。いろいろ話をすると、知識の広さ、深さに圧倒的な差があることを痛感した。

「哲学書も歴史書も、心理学の本も、経営者は読まなければならない。なぜなら、社会や人間のことを知らなければ、たくさんの社員を相手にできないからだ」

と言っていたのをよくおぼえている。

私は野球と麻雀と実験で学生時代を送った、体育会系で理系な人間であった。「文系の本も読まなくてはならないな」と気づかせてくれたのが赤石氏である。

この赤石氏のように、地元で中小企業経営者としての人生を全うするだけでは絶対に出会わないだろうという人と巡り合い、その人を介して、自分の視界からは漏れていたものを発見できるのが、同友会活動の醍醐味である。

大望のために無私の精神を発揮する

福岡同友会の中村高明氏も、得がたい人物である。

私が彼と知り合ったのは、彼が福岡同友会の代表理事をしていた時である。愛知同友会の若手が始めた金融アセスメント法に関する運動について、その重要性にいち早く気づき、誰よりも早く、誰よりも大きな声をあげたのが彼である。

私も当時、愛知同友会の代表理事をしていた。年齢が私とほぼ同じ、地方の中小企業を何とか盛り上げていこうと活動をしていた心意気も同じである。

彼は頭の回転が早く、人望も厚い。四〇歳まで西日本鉄道に勤務し、その後、親の会社を継いで経営者となったが、そのままサラリーマン生活を送っていても役員クラスにはなっていただろうとは、衆目の一致するところである。

私は出会ってすぐに、中村氏は親しく付き合うべき人だと直感した。

彼も私も、時代の半歩、一歩先へ常に焦点を合わせ、そこから考え行動し、タイミングを逃さない。小心者の現実主義者でもなければ、大言壮語の大ぼら吹きでもない。その点で息がぴったりだった。

また彼は「まとめ役」ができた。

日本の経営者の欠点は、右から左までさまざまな意見をもつ人たちをまとめ、ひとつの目標に向かわせるということができない点にある。これは中小企業でも大企業でも、政治の世界でも同じだ。今の野党を見れば多くの言葉はいらないだろう。「大同団結」の音頭をとる者がいない。だから、すぐに党派争いが始まり、組織は疲弊していく。

その点、中村氏は自分の立場をわきまえ、大望のために無私の精神を発揮し、大勢をまとめることができる。そこを私はとても信頼したのである。

全国の同友会をインターネットで結んでいこうというプロジェクトは、私と中村氏が二人三脚で始めたものだ。私が中同協情報化促進検討会（現在は情報化推進本部）代表を退き、幹事長となった後も、中村氏は中心となって事業を進め、完成している。

知り合ったのは六〇歳近くだったが、まるで青春時代の延長のような間柄だった。中同協の集まりで会うたびに再会を喜び合い、集まりが終わっても今度は居酒屋に場所を移し、仲間とともに酒を酌み交わしながら、夜遅くまで中同協で議題にのぼったテーマについて議論を戦わせた。議論が白熱しすぎて、延長一八回時間切れ再試合になったことも数知れない。

他にも、同友会や中同協の活動では多くの知己を得た。

「常に考える」という理念を貫く

個性的な経営者だった、岐阜同友会の未来工業株式会社・山田昭男氏（故人）もその一人だ。

劇団運営のために電設資材メーカーを立ち上げた変わり種で、生産性を向上させる独自の方法論をもっている。

「常に考える」が理念だった。

社員に年間一四〇日の休みを与えることで話題になったが、休みの間も考え続けるわけである。それがブレない。

彼には、人事に関してアドバイスをいただいたことがあった。

たしか一九八八（昭和六三）年頃だったと思う。「第二創業期」を目前に控え、私たちの会社は大変革のとば口に立っていた。社員が増えたため中間管理職を増強し、会社を組織らしい組織につくり変えようとしていたのである。

こういう時、かならず問題となるのが、組織になじまない人間への対応だ。

私たちの会社は現場仕事が多い。したがって、創業から当時までは職人が多数入社した。彼らの多くがこの組織になじまないタイプだった。仕事にプライドをもち、腕もいいのだが、部下の管理や教育となると極端に消極的になるのである。会社が変革期に来ていることを目の当たりにした彼らの多くが、やる気を失ったり、会社を去っていったりした。

私たち経営陣はジレンマに陥った。売上減を覚悟で、社内を近代化するべく、組織になじまない人材を切るか、将来を犠牲にして目前の仕事を優先するか——。

この時、山田氏はすばらしいヒントをくれた。

曰く、組織になじまないベテラン社員は「一人親方」として独立させ、外部協力者として仕事を任せればよい。そうすれば、仕事のノウハウは残るし、会社に残ったのはみな変革を受け入れる意志のある者だから、彼らを再編成して改革を実行できるというわけだ。すばらしい発想力だと思った。ストライクな出会いである。

山田氏は万事が個性的だった。

以前、山田氏が、自分は会社などめったに行かないと言っていたので、私は「もし、山田さんが毎日出勤したら、会社はどうなりますか？」と質問した。

すると山田氏は「たぶんつぶれるだろうな」と答えた。

笑い話のようだが、このやりとりにも山田氏の会社経営の極意が隠されている。

つまり「おまかせ経営」である。

「社員にまかせる」ことで「社員の力を十二分に発揮させてあげる」ことが会社にとって一番よいというわけだ。勘違いしてはいけないのは、一見冗談のような発言の裏側には「常に考える」という芯の通った理念があるということである。ただ表現がざっくばらんなだけである。

ざっくばらんといえば、後年、私が中同協幹事長として岐阜同友会へ講演にうかがった時のことだ。山田氏は釣り人が着るようなベストを着て末席に座っていた。普通は後輩の講演だから大威張りで前列に座るものだ。こういう身の置き方も山田氏らしい。

講演終了後、私は山田氏に挨拶をしに行った。

「どうでしたか？　今日の講演は？」

「ああ。少しはまともになったな」

これにはやじ将軍の私も形無しだった。

山田氏は二〇一四（平成二六）年、八二歳で鬼籍に入られた。

偲ぶ会では、息子さんで後継者の山田雅裕氏が挨拶に立ち、こんなエピソードを披露してくれた。山田氏の生前、彼は「おやじ、死んだら葬式どうする？」と尋ねた。すると山田氏は、こんなふうに答えたという。

「そんなもん、庭に穴掘って埋めておけ」

最期まで個性的な生き方を貫いた人だった。

経営戦略は経営者の仕事

さらに三重同友会の宮﨑由至氏もあげたい。

彼は私より年下だが、マーケティングの感覚が抜群で、まずその点に感心した。彼も私と感性が近い。彼の考えていることは非常によくわかるし、彼が言いたいことや伝えたいことを汲みとって、私が発言することもあった。

たとえば、彼は「同友会では『会社運営』は学ぶが、『戦略』を学ぶ機会が少ない」と訴えていた。中同協では「経営指針づくりにあたり、『戦略』という言葉は曖昧で使いづらいから、『経営指針作成の手引き』改訂後は使わないようにしよう」という意見が大勢を占めていた時だった。そして戦略を「方針」や「ビジョン」に言い替えようという議論が進んでいたのである。

しかし、経営者が立てなければならないのは戦略である。各目標達成の戦術立案は担当役員や部長クラスの役割だ。

私も宮崎氏の意見に賛成だった。

そもそも、戦略とビジョンとでは、言葉の意味が異なる。ビジョンを実現する手順が戦略だからだ。そして戦略を成功させるために、各局面の戦術がある。

そこで、当時の検討プロジェクトや中同協経営労働正副委員長と懇談した結果、「戦略」の重要性が前述の『手引き』へ新たに書き加えられることとなった。

3 「学び」を「実践」に移さなければ経営者失格

同友会で多くのストライクな方々に出会い、経営と人について学んだら、その学びを会社や社員に還元しなければならない。

そのひとつは、言葉を選ぶということだ。

優秀な経営者や経営コンサルタントが語った言葉を、右から左に社員に語るのではなく、自分たちの会社や仕事、身近な出来事にあてはめてやる。

これは経営者の重要な仕事のひとつだ。

「こんなにいいことを聞いてきた。後はおまえらで考えろ」

これでは、経営者失格だ。

もうひとつは、考えるしくみをつくることだ。

第1章で述べたように、私は同友会や中同協の活動を通じて、「労使見解」の精神を知った。この考え方なら、自分の会社を、個人個人の絆を頼りにする家族的な組織から脱皮できると考えた。そして、会社のナンバー2だった時代に構想を温め、社長就任と同時に一気に実現へ向けて走り出した。

しかし強権を振るったわけではない。

自分が実現したい会社像（ビジョン）を社員たちに提示し、それについて話し合いをもった。漫然と話し合わせたのでなく、課題ごとに委員会をもうけた。その共同作業の結果生まれたのが、

株式会社エステムは水を中心とする環境文化と、安全で快適な自然環境の創造を通じて社会に貢献します。

という我が社の経営理念だ。

経営理念を実現するには、経営者だけが張り切ったってだめだ。

経営者は自分が学んできた知識や知恵をもとにして方針や大枠を決定し、しくみをつくってしまったら、後は社員たちに任せなければならない。

万事心配性な経営者にとって、社員の自主性に任せることは難行苦行に近い。

しかし、成功事例があれば、それを真似てみることもできる。私にとって成功事例は、同友会で知り合った未来工業の山田氏の姿勢と実践だった。

これも、同友会での学びを社員に還元したことになる。

3 同友会で、経営者の生活習慣病を治そう

1 勉強不足を正せ

経営者は経営の勉強に励め

経営の勉強が足りない経営者が多いのは、いつの時代も同じだ。

中小企業だけじゃない。最近は大企業の経営者も勉強不足だと感じる。頻発している名門企業の不祥事の原因は、経営者の、経営についての勉強が足りないことが大きいと私は考える。目前の利益をいかにひねり出すかとか、派閥争いにどうやって勝つか、ばかりに関心が向いてしまって、組織をどの方向に引っ張っていくのかという経営自体に対する訓練にほとんど時間を割いていなかったのだろう。

努力の方向が違っていたのだ。

目標は一万時間

では同友会はどうだろう？

何度も言うが、同友会の会員の多くは努力家で研究熱心である。しかし努力の方向が違うのではないかと感じることがある。

たとえば、会員の多くが「プレイングマネージャー」であることだ。現場の仕事をやりつつ、会社の運営も見ているわけである。

野球でいうと、古くは南海ホークス時代の野村克也氏、最近では元ヤクルトスワローズの古田敦也氏が、レギュラーキャッチャーでありながら監督を務めた。阪神タイガースでプレイングマネージャーを務めた藤村富美男氏は、「代打、わし」と言ってバッターボックスに入り、代打逆転サヨナラ満塁ホームランを打ったそうである。しかし「ミスタータイガース」も選手兼監督時代は優勝に手が届かなかった。

以前、北海道のピアノ教室の経営者からお聞きした話だが、「子供が人前で演奏できるようになる」には、最低一万時間の練習が必要だそうである。

私は、経営者も一万時間の勉強が必要だと考えている。

ところが時間には限りがある。

現場仕事に時間を割くと、必然的に経営についての勉強の時間が減る。

こうなると、経営者は知識と知恵が足りなくなる。

運動不足のようなものである。

本当の運動不足は肥満や体調不良に表れるから、周囲から注意される。トレーニングジムに行けとか、野菜を食べろとか、酒を控えろとか、余計なお世話だが、ありがたい指導がいただける。

ところが現場仕事に励んでいれば、みんながほめてくれる。本人も悦に入って「働いても働いても我が暮らし楽にならずだねえ」なんて言ってみることもある。

余計に質《たち》が悪い。

私はこれを「経営者の生活習慣病」と名づけた。

経営者は経営の勉強をすべきだ。

目標は一万時間である。

一日二時間。月曜から土曜まで。年間三〇〇日。とすると、一万時間に到達するまで一六年半かかる計算になる。四〇歳で始めて五六歳、五〇歳で始めると六六歳だ。
そう考えると焦らないわけにはいかない。
ぜひ今日の今日から、経営の勉強を開始してほしい。
とはいえ、勉強はなかなか続かない。
だから、同友会の集まりが貴重な時間になる。
ダイエットや健康維持のためには、トレーニングジムに通うだろう。
同友会は、経営のトレーニングジムなのである。

2 公私混同を改めよ

会社は経営者だけのものではない

同友会は勉強の場である。

しかし会員の中には、同友会の集まりの後に顔見知りと酒を飲もうとか、同友会を口実に、よそで飲み食いしているような者がいる。表向きの理由は同友会だから、飲み食いの金は会社の経費で落とすのである。私が地区会長を務めている時にもよく見かけた。

勉強をしないのもさることながら、金のけじめを付けないのは、それにもまして罪が重いと私は思う。

しかしこれも中小企業家に多い。

とくに創業社長の場合、自分が会社をつくり、育ててきたという自負がある。会社にあるものは鉛筆一本まで自分のものだという意識が強い。

下手をすると、社員のことまで書生か奴隷のように考える者もいる。そういう経営者は、社員に平気でサービス残業を言いつける。

これが経営者の生活習慣病の第二である。

公私混同の禁止はルールで示せ

『労使見解』の基本中の基本は、経営者と社員との信頼関係である。

この信頼関係を産むのが「金と時間の公私混同をしない」ことだ。

私たちの会社では「経営指針書」にこのことを明記している。

また違反者に対する罰則規定を設けた。出金伝票には管理職の二つの印鑑が必要だし、領収書に明細が書かれていないと経理は受け付けない。

これは経営者も同じ扱いである。

私は社長、会長として二三年間をすごしたが、その間、一度も自分で金庫を開けていない。後継となった三代目社長の東口享氏も同じだ。なぜ知っているかというと、社長職を引き継いだ際、東口氏は早々にカギを貸金庫に預けてしまったからだ。我が社では、印鑑も経理課長と総務部長が保管する。

社員を信頼していないと公言していたある社長は、印鑑も金庫のカギも肌身離さず持ち歩いていた。社員の立場になってみれば嫌な感情しか抱かないだろう。もちろん、金庫のカギや印鑑を軽々に扱うべきではない。厳格なルールを設けるべきだ。そして、経営者といえどもそのルールに従って行動しなければならないのである。

例外や矛盾が生じた時に助けられるのが同友会の仲間だ

だが会社とは、人数に関係なく、実に複雑にできている。いくらルールを決めても、かならず例外や矛盾が生じる。そういう時に同友会は役に立つ。

多くの経営者が集まっているから、大きなことから小さなことまで、たいていのことは誰かが経験しているのだ。そしてどうすれば解決するのか、どうなったら解決できないのかを懇切丁寧に教えてくれる。

3 師匠を見つけよう

第1章では「選球眼」と称した。

さらに学びを進めるには、「お師匠さん」と呼べる人間をつくることが重要だ。親子で同友会に入会されている方がいる。父親が社長で、息子が役員だ。その父親のほうがぜひ私に会いたいと連絡をとってきた。その時、私はとても忙しく、お会いする時間がとれそうになかった。しかしどうしてもと言うので、乗り換えの合間に待ち合わせた。

話はこうだ。

近い将来に事業承継する。そこで息子と一緒に勉強しようと同友会に入会した。だが息子が父親の言うことを聞かない。同友会での学びを生かし、どちらも経営指針書を作成したのだが、父親のものより自分のもののほうがよいと譲らない――。

私は「それはあなたが悪い」と父親に言った。

父親としてではなく、社長として役員や社員をリードできていないからだ。

経営の勉強も、社内のコミュニケーションも足りない。

もっとがんばりなさい――。

すると、彼はとても感激してくれた。

息子が事業承継しようかという年齢の男である。しかも社長だ。もはや誰も叱ってくれないのである。それを私が打ち破ったから、感激してくれたというわけだ。

彼のことをさすがだと思ったのは、そこで格好をつけなかったことだ。

この人なら、きっと自分の欠点を見つけてくれる、真摯《しんし》に耳を傾けてくれると思ったら、是が非でも会うという根性と決断力と実行力があった。

誰かを「師匠」と呼ぶのは一種の謙譲の精神だ。

学びにもっとも大切なのはこの気持ちであると思う。

「おれが一番」と高をくくっているやつは、やっぱりだめだ。

第3章

後輩たちにビジョンを託して

―― 社会の一員としての提言

1

悩み――後継者がいません

1 「いないのではなく、育てなかったんだろう」

経営能力のある者が経営者になる

後継者問題は、常に中小企業を悩ませる。

よくあるのが、自分の子供に継がせるケースだ。

息子や娘に会社を継がせると、一番喜ぶのは金を借りている金融機関だと思う。

いずれ遺産相続が行われた時に借金も引き継がれるからだ。

江戸幕府は、大名の妻子を江戸に住まわせたという。大名たちが謀反を企てないよう人質をとったのである。要所要所に関所をもうけ、江戸から出ていく「女」はきびしく吟味したという念の入れようだ。現代の銀行も似たようなものである。

これでは引き継ぐ者もかわいそうだろう。

最初から手足を縛られているようなものだからだ。

エステムは現在、四代目社長が経営の最前線に立っている。

初代が創業者、二代目が私、三代目以降は社員から選んだ。

一九九一（平成三）年に作成した「二〇〇一年ビジョン」に「経営能力のある者が経営

者になれる会社をつくる」と謳ったからである。

「経営指針書」で融資を受けられるしくみづくり

金融機関はいい顔をしなかった。当時の中小企業は、経営者が個人保証をして金を借りていたからだ。人質がとれないのである。

私の時も状況は似たようなものだった。婿養子なので財産はゼロだったのである。だから銀行には「経営指針書」を持っていって、「これが担保です。だめなら他の銀行へ行きます」と差し出した。

応対に出た支店長は「今後は会社の資産で担保をつけてください」と一言添えて融資をしてくれた。お金のことについては、相手はプロである。いい加減な計画ではびた一文貸してくれないだろう。だから大いに勉強し、社員たちと徹底的に話し合って「経営指針書」を完成させた。必要は発明の母である。

その後、金融アセスメント法制定運動などをはずみとして、融資の際に経営者の個人保証をはずす運動を展開した。

すべての金融機関から個人保証をはずすには一〇年を要したが、会社の未来を考えれば、ぜひとも実現しなければいけないことだった。経営者としての能力、やる気が十分にあっても、資産がなければ経営者になれないなどという会社で、社員が力を発揮してくれるわけがないからだ。

ビジョンが後継者を育てる

私は事業承継で一番理想的なのは、経営者になりたい人間がそのポストに就くことだと思う。自分の子供を当てにする必要はない。

そのためには、採用と社員教育だ。

つまり、「後継者がいない」と嘆く経営者は、「後継者を育てる」努力を怠ってきたということだ。土壇場になってあわてふためいても遅い。

ではなぜ、土壇場であわてることになったのか。

ビジョンがなかったからだ。

だから私たちはビジョンの重要性を説く。

一〇年後にどんな会社にしたいかを深く考えれば、リーダーに必要な人材は自ずと見えてくる。それから一〇年かけて、人を雇い、育てればいい。

2 人材を伸ばすしくみはあるのか？

ビジョンが会社の未来をつくる

私たちが「二〇〇一年ビジョン」を発表した一九九一（平成三）年、会社の規模は年間売上高一九億九〇〇〇万円、社員数一六四人だった。「ビジョン」ではこれを一〇年後に「年間売上高一〇〇億円、総人員四〇〇人」にしようと掲げた。

その結果、二〇〇一（平成一三）年には年間売上高三四億円、総人員二八一人の会社となった。そして当時の最高売上、最高利益を記録した。

発表した一九九一（平成三）年はバブル経済の全盛期だった。私たちも知らず知らずのうちに、バブルに感染していた。その後、利益を優先する経営方針に切り替えた。それに伴い人員数も目標達成とはいかなかったが、それでも一・七倍に膨れ上がっていた。

しかし私たちはあわてなかった。

それはビジョンや経営理念が経営者と社員の話し合いで決めていったものであり、その未来図に沿って、人材採用や社員教育のプランを立てていたからだ。社員数の増大があっても、いわゆるガバナンスを保ち、品質を維持・向上できたのは、先手を打って、中間管理職育成に力を注いだからである。

活発な議論がコンセンサスをはぐくむ

まず一九九一（平成三）年から始めた大卒の定期採用があった。すんなり方針が決定したわけではない。当時の経緯が、創立四〇年記念誌『みずすまし』（二〇一〇〈平成二二〉年発行）に掲載されている。

エステムの創業から、二〇年頃までに入社した社員は、組織での仕事のやり方を知らない人が多く、社外の大きな会社からエステムに中途で入社した社員以外には、組織での仕事経験者がいない状態であり、これから「チーム・組織」で仕事をしていくためには「個人」で仕事をする古い体質を変えていかなければなりませんでした。そのためには、若者、特に大学卒の学生を多く採用し、将来のリーダーになっていくように育てていく必要があったのです。しかし、いざ「これからは大学卒を定期的に採用していこう！」と提案しても、社内の意見は二つに分かれました。これまでのように「高校卒でいい」と言う社員も多くいました。その根拠は、「手作業の早い子を入れればいい」「作業ができればいい」というものでした。実際に、大学卒の社員は納得する理由を聞きだすまで「なぜですか？」「どうしてそうするのですか？」と質問を繰り返すので、当時は「大学出たけれど手作業は遅い」と言われていました。

しかし、いつまでも作業だけの仕事をしているのでは、価格競争値下げで利益はどんどん下がります。何より、自分が携わる仕事の意味が分からない、手作業が早いだけの社員の集まりになってしまっては、これからのエステムを創っていくことなど到底できません。高校を卒業してエステムに入社した若い社員たちに、仕事の楽しさやりがいを伝えることもできません。

こうして、定期採用で若い社員を毎年一五人は採用し、会社を変えていこうという考えから、大学卒の定期採用がスタートしました。

（同・一一〇〜一一一頁）

同誌には、大学卒定期採用一期生の当時を振り返ったアンケートが掲載されている。ひとつ取り上げてみよう。

女性である。

「エステムに入社したきっかけ」という質問に彼女はこう答えている。

水処理の会社に入りたかった！　大学の先輩（女性）が水処理会社に就職していて、「技術系女子を増やす！」と言われてその会社に見学に行ったらとても良かった。ただ、愛知県で働きたいなと思っていた時に、早川課長が大学訪問に来ていて、エステムに会社訪問した。由利常務が当時買ったばかりのＣＡＤを見せて「ＣＡＤは君を待っている」みたいなことを言われた。工場系の環境担当だと、異動してその仕事ができなくなってしまうこともあるので、どこに異動になっても水処理っていうのがいい！　と思った。

（同・一九頁）

現在、四代目社長として経営の最前線に立っている塩崎敦子氏である。

よい経営者は失敗を成功の糧にする

しかし、うまくいったことばかりではない。

一九九〇（平成二）年、知名度の低い我が社を学生たちに知ってもらうため、「環境セミナー」を開催した。全国の学生に声をかけ、交通費、宿泊代、パーティー代を当社が負担して大々的に開催した。ところが参加した学生は一人も採用試験に応募しなかった。当時は、交通費や宿泊代を会社が負担するなど当然で、大手は海外留学や大学院進学の費用まで負担するようなことをするほど、バブル全盛かつ売り手市場の就職戦線だったのである。

私は失敗を認め、始末書を書いた。

しかしこの催し自体は再スタートさせた。経営理念を実践する手段として有意義な企画だったからだ。現在では「環境フォーラム」と名前を変え、経営サイドは口出しせず、社員有志からなる委員会が運営して、環境問題の専門家を招き、広く一般からも受講者を募っている。この催しによって、エステムの社会的使命を自覚するようになったという社員は多い。転んだってただでは起きないのが経営だ。送りバントに失敗しても、次はヒットエンドランを狙えばいいのである。

3　意志のある者が会社の未来をつくる

社員と経営者は違う。

どこが違うのか。

それは会社にかける思いだ。

社員は自分、自分の家族、自分の人生を優先してもかまわない。社員に会社を一番に考えろというのは道理に合わないのである。しかし経営者は自分より会社を最優先に考えるべきだ。そういう人間でないと務まらない。経営者となるための資格だといっていい。

私は、後継者を選ぶ際、常にこのことを考えてきた。

三代目社長（現会長）の東口享氏は一九七二（昭和四七）年に入社した。

エステムには社員番号というのがある。初代社長の濱島氏が一番で私が五番。現在は二〇〇〇番を超える。東口氏の社員番号は二桁である。もう二桁以下は私と彼しかいない。古参社員である。私が社長の時、彼は常務取締役だった。とても仕事ができたが、その分生意気なことも言う男だった。

一九九三（平成五）年のことだ。

京都同友会で取り組まれていたQCサークル活動に、私は報告者として呼ばれた。その報告に感じるものがあったのか、ある女性会員の方から連絡があり、非常勤でいいから自分の会社の役員になってくれないかと頼まれた。

私はエステムの組織改革を進め、愛知同友会も第三支部長として忙しくしていた時期だった。京都まで行く時間がない。すると東口氏が、自分を派遣してほしいと手をあげた。彼なりに思うところがあったのだろう。そして先方の会社の子会社社長に就任。そこで研鑽《けんさん》を積む。戻ってきた時は、経営者としての責任の重さをしっかり自覚していた。

彼は二〇〇二（平成一四）年、三代目社長に就任した。私は安心して会長に退き、同じ年に就任した中同協幹事長の仕事に集中することができた。

頭のよいやつ、仕事のできるやつはいっぱいいる。

しかし経営者に必要不可欠なものは、この意志だ。

この意志こそが、経営者を勉強と修練に駆り立てるのである。

2 世の中を変えてゆくのも経営者の使命

1 人材の重要性は今後さらに高まる

企業にとって人材の確保は永遠の課題だといっていい。

私たちはこれまで述べた独自の求人活動だけでなく、同友会による「共同求人」を積極的に利用して、この問題をクリアしようと努めてきた。共同求人は、経営指針、社員教育とともに経営の三本柱だ。エステムでも愛知同友会でも、これを三位一体として実践しようと盛んに奨励している。

今、人材確保に手を打っていない会社は、そのうち全く人がとれなくなる。

これは脅しでも何でもない。

現在（二〇一八〈平成三〇〉年）、就職戦線はバブル景気以来の売り手市場だ。

私が言わなくても、痛感している経営者は多いだろう。

しかし、「人」の問題は、ひとつの企業、ひとつの団体ではいかんともしがたい。

たとえば少子化問題である。一九四一（昭和一六）年生まれの私の同級生は、全国で二〇〇万人以上いた。私より下の団塊世代は二三〇万人となり、それがそのまま二〇年後に働き手となった。

ところが今は一〇〇万人である。

政府は少子化対策を実施したり、家庭の仕事を専らにしていた女性や一度引退した七〇歳以上の高齢者も動員したりして、労働人口の減少に歯止めをかけようとしている。ＩｏＴ（インターネット・オブ・シングス）やＡＩ（人工知能）やロボットが労働人口の減少を補い、さらには人の仕事を奪うのではないかともいわれている。

さてどうなるだろう。

現場仕事はある程度カバーできるかもしれない。

だが、会社は理念やミッションによって動く。それを考えるのは人間である。

組織を構成する人の数が減ってしまったり、質が落ちてしまったりすれば、どんなに優秀なロボットを動かしても、会社はいずれ立ち行かなくなるだろう。

2 たった一社で太刀打ちできるか？——「金融アセスメント法制定運動」の学び

こうした問題には、一社だけで立ち向かうことはできない。

しかし小さな力でも、集まれば大きな力になる。

『労使見解』では、これについて「8　中小企業の労使双方にとっての共通課題」で言及している。

前にも述べたように「中小企業家がいかにして企業努力を払ったとしても、労使関係に横たわるすべての問題を企業内で解決することは不可能」です。

なかでも、物価問題、住宅問題、社会保障問題、福利厚生施設問題などは企業内では解決できず、当然政府ならびに自治体の問題、政治的に解決をはからなければいけない重大な問題です。

これらの問題を解決するために積極的に運動することは、中小企業家としての責任であり、また、自己の経営の労使関係にも重大なかかわりがあるのだ、という自覚をもって同友会運動をより積極的に前進させなければなりません。

……

私がこのことを実感したのは、二〇〇一（平成一三）年に、全国の同友会で展開した「金融アセスメント法制定運動」だった。

この運動は、バブル崩壊後の政府の金融政策から生じた、金融機関の貸し渋り、貸し剥がしを何とかしなければ中小企業はみな倒産してしまうという危機感から始まった。同友会のホームページ「DOYU NET」によると、「金融アセスメント法」は、一九九〇年代の米国経済発展の真の原動力といわれる「地域再投資法」をモデルとしている。骨子は以下の三点である。

一　地域への円滑な資金供給
二　不公正な取引慣行の是正
三　利用者参加型金融行政への転換

最初にのろしをあげたのは、愛知同友会の若手だった。立教大学経済学部の山口義行教授（現名誉教授）に助言を仰ぎ、全国規模で運動し、政府を動かさないとたいへんなことになると訴えたのだ。この声に最初に、熱心に応えたのが福岡同友会代表理事の中村高明氏だった。一方、運動のお膝元だった愛知同友会の動きはにぶかった。ひとつは、愛知同友会の会員は担保となる資産をもつ者が多く、問題に直接影響を受ける会社が少なかったこと。もうひとつは、融資元である金融機関相手に戦うのはまずいという忖度《そんたく》だった。

しかし前に述べたように、愛知同友会はその後、運動を積極的に推進することを決定し、その結果、一三万人の署名を集め、県別ではトップの成績を残して全国から一目置かれる存在となった。愛知同友会の手柄ばかり述べても仕方がない。署名は最終的に全国で一〇一万筆となった。そして各同友会の尽力で、実に一〇〇九の地方議会で意見書採択などが行われた。

この運動が行政を動かし、二〇〇三（平成一五）年には金融庁が「リレーションシップバンキングの機能強化に関するアクションプログラム」を策定。二〇一六（平成二八）年

「金融アセスメント法制定運動」は全国の同友会に広がり、100万筆を突破する全国運動となった（右から７人目が筆者）

には、同じく金融庁が「金融仲介機能のベンチマーク」を策定し、「取引先企業の経営改善や成長力の強化」「担保・保証依存の融資姿勢からの転換」「地域へのコミットメント・地域企業とのリレーション」などが金融行政に盛り込まれた。

運動が同友会だけでなく国民全体に広がった理由は、私たちの主張が「中小企業の救済」ではなく、「中小企業をはじめとする地域や利用者と金融機関が共に発展していく形」を目指した点があげられるだろう。

社会が悪いと嘆くのは簡単だ。それに『労使見解』の第八項は規模が大きく、なかなか実践に移せない。しかし、この運動を通じて、この第八項がけっして絵空事でないことを実感した。

私が中同協の幹事長に就任したのは、この運動直後のことだった。

そして、二〇〇七（平成一九）年に中同協会長に就任する。

同友会全体が金融アセスメント制定運動を通じて、「社会に働きかけることで、国の政策を変えることができる」ことを知った。

これをさらに推し進めなければいけない。私は決心していた。

そこで取り組んだのが、「中小企業憲章」および「中小企業振興基本条例」づくりだった。

3 社会はかならず変えられる——中小企業憲章閣議決定、外形標準課税適用拡大反対運動、エネルギーシフト運動

中小企業憲章閣議決定への道

「憲章」とは国が示す指針だ。それを各地方自治体が具体化するのが「条例」である。

憲章制定運動のきっかけは海外視察だった。愛知同友会は、四〇周年記念行事として、二〇〇二（平成一四）年九月にオランダとベルギーへ視察旅行を企画した。その時に触れたEUの「欧州小企業憲章」が発想の原点である。

中同協は翌年の総会で分科会を設け、さらに二〇〇四（平成一六）年には中小企業憲章学習運動推進本部（二〇〇七年中小企業憲章制定運動推進本部に改称。現在は中小企業憲章・条例推進本部）を設置。全国の同友会に講師を派遣し、学習運動を始めた。

2008（平成20）年にもベルギー・フィンランドを訪れ、同友会の仲間たちと「中小企業憲章」、そして中小企業の未来について多くを学んだ（ベルギー・ブリュッセルのＥＵ本部前にて。左が筆者）

そこでは、欧米の中小企業の実態を研究し、日本の中小企業にできることや、やらなければならないこと、そしてなぜ憲章が必要で、憲章だけでなく条例の制定まで視野に入れなければならないのか、ということを話し合った。

中小企業基本法があるのに、なぜ屋上屋を架すのかという反対意見もあった。

だが先の法律は、同友会が標榜する、理念や考え方を重視した中小企業経営について言及がない。あくまで行政の目線から制定したものであり、国民の目線からつくる憲章が必要なのだと説得した。

中小企業憲章制定に向け、私は中同協会長として、当時、野党だった民主党代表の鳩山由紀夫氏と会談した。後に財務大臣となった藤井裕久氏や農林水産大臣となった赤松広隆氏も同席し、政権党となった際には憲章制定を推進するという約束を取りつけた。

二〇一〇（平成二二）年六月、菅直人政権時に「中小企業憲章」は閣議決定された。

その際、経済産業副大臣（当時）だった増子輝彦氏にたいへんお世話になったことは、とくに記しておきたい。

以下は「中小企業憲章」に述べられた「基本理念」である。

中小企業は、経済やくらしを支え、牽引する。創意工夫を凝らし、技術を磨き、雇用の大部分を支え、くらしに潤いを与える。意思決定の素早さや行動力、個性豊かな得意分野や多種多様な可能性を持つ。経営者は、企業家精神に溢れ、自らの才覚で事業を営みながら、家族のみならず従業員を守る責任を果たす。中小企業は、経営者と従業員が一体感を発揮し、一人ひとりの努力が目に見える形で成果に結びつき易い場である。

中小企業は、社会の主役として地域社会と住民生活に貢献し、伝統技能や文化の継承に重要な機能を果たす。小規模企業の多くは家族経営形態を採り、地域社会の安定をもたらす。

このように中小企業は、国家の財産ともいうべき存在である。一方で、中小企業の多くは、資金や人材などに制約があるため、外からの変化に弱く、不公平な取引を強いられるなど数多くの困難に晒されてきた。この中で、大企業に重きを置く風潮や価値観が形成されてきた。しかし、金融分野に端を発する国際的な市場経済の混乱は、却って大企業の弱さを露わにし、世界的にもこれまで以上に中小企業への期待が高まっている。国内では、少子高齢化、経済社会の停滞などにより、将来への不安が増している。不安解消の鍵となる医療、福祉、情報通信技術、地球温暖化問題を始めとする環境・エネルギーなどは、市場の成長が期待できる分野でもある。中小企業の力がこれらの分野で発揮され、豊かな経済、安心できる社会、そして人々の活力をもたらし、日本が世界に先駆けて未来を切り拓くモデルを示す。

難局の克服への展開が求められるこのような時代にこそ、これまで以上に意欲を持って努力と創意工夫を重ねることに高い価値を置かなければならない。中小企業は、その大いなる担い手である。

（経済産業省ＨＰ「中小企業憲章について」より）

短命だった民主党政権だが、この閣議決定は評価されるべきだと思う。またこの運動は、同友会が中央官庁に認められるきっかけともなった。担当省庁である中小企業庁を中心に、「同友会という組織はよく勉強しているし、主張も筋が通っている」と評判になったのである。

実は同友会は発足当時、企業づくりの問題よりも政策的活動に力が入っており、政府の姿勢にあらがう勢力とも見なされた時期があった。そのために活動が広がらないという悩みがあったのである。どんなに「社会のために」と意気込んだところで、肝心の社会のほうから尻込みされては元も子もない。しかし前の金融アセスメント法制定運動、そしてこの中小企業憲章制定運動を機に、中央官庁から地方自治体までの態度が変わったのである。県の同友会が地方官庁へ赴いても、それまでは担当課長の対応がせいぜいだった。しかし今では、多くが首長による対応となった。こうしたことが、各地自治体での中小企業振興基本条例の制定につながっていった。

理性と正しい戦略によって行動すれば、社会は応えてくれるのである。

広がる中小企業と同友会の使命

さらに同友会は二〇一四（平成二六）年、外形標準課税適用拡大反対運動を全国規模で行った。今後も折りに触れ、このような全国規模での活動が行われるだろうし、行わなければならない。それは同友会の使命なのだから——。

さて、こうした活動は、ふだんの話し合いや研修などから自然発生的に生まれる。

たとえば、エネルギーシフトへの取り組みは、二〇一一（平成二三）年の東日本大震災に伴って発生した福島第一原子力発電所事故の影響を研究する中で生まれた。これは電力会社や国だけの問題ではなく、中小企業も当事者として考え、実践していかなければならないという発想と、ドイツやオーストリアへ研修に行った経験がもとになっている。

話はそれるが、海外への視察や研修は、得るものが本当に多い。

たとえば、私は当時の海外研修でこのようなことを知った。

オランダなど欧州の国では、経営者になろうと思うものはまず、商工会議所に登録する必要がある。つまりメンバーに加わらないと商業活動をしてはいけませんよということである。非常に保守的な制度で、たぶん中世のギルド制が根元にあるのではないかと思う。こういう風土の中で、若い人が新しい会社を立ち上げるのはむずかしい。

一方、米国は逆である。新しい会社がどんどん設立されていく。商工会議所の役割は、立法府や行政府に対する圧力（ロビー活動）である。ただし、私が米国の中小企業事情について驚いたのは、もっと簡単な事実である。

日本国内から見ると、米国といえば、世界をまたにかける企業活動を行い、オーナーはめまいがするほどの巨額の資産を保有する超巨大企業の国である。ところが実際に視察してみると、彼の国もまた、無数の中小企業が国の経済を支えていることがわかるのである。

なぜこのような産業構造になったのか？

考えられるのは、米国が移民の国だということである。日本ほど他人を信頼できる国ではない。商売はお金を扱うからなおさらだ。そこで、もっとも信頼できる家族や仲間で会社を興し運営するケースが多い。だから中小企業が多いのではないかと推察できるのである。さらに考えは広がっていく。

ここから翻って考えてみると、同友会の目指す、経営者と社員とを対等なパートナーであると考える経営は、彼らからはまるで社会主義国のように見えるということだ。もちろん、同友会は社会主義を目指す団体ではない。

人間の尊厳や一番大切な部分を尊重し合おうという理念を、経営の根幹に据えようという、至極まっとうなことを実現しようとがんばっているだけである。

それが極端に映るということは、欧米と日本では、自由や権利、義務といった概念はもとより、理想とする企業形態や働き方、生き方が違うのではないかということだ。

こうした考察が的外れではないかもしれないと思ったのは、中小企業論を専門とする嘉悦大学の黒瀬直宏先生らが中心になって、アジア各国に同友会方式の企業運営を広めていこうというＮＰＯ法人「アジア中小企業協力機構」が設立されたからだ。

信頼する後継者に後を託して

さて、このように、自分たちの考えたこと、信じる道が、他の分野の方々にも理解され、輪が大きく広がっていくのは、この上ない喜びである。

こうした活動を経て、私は二〇一七（平成二九）年、中同協会長を退任し、相談役幹事となった。また、手塩にかけて育ててきた会社、株式会社エステムも、二〇一四（平成二六）年一一月に代表権を返上し、名誉会長となった。

どちらも後継者のみんながよくやってくれている。

ただし、時々やじを入れている。

そして、叱る。

糠味噌《ぬかみそ》は腐らないように、時々かき混ぜなければならないのだ。

野球だってやじ将軍がいなければおもしろくないだろう。

それが現在の私の役目である。

3 「同友会運動」の最終目標

1 自主・民主・連帯の精神とは何か

同友会運動を適切な形で後輩たちに受け渡したい。それが現在の私の素直な気持ちである。少し形式張るが、最後に同友会運動をまとめておこう。

同友会運動とは、「自主」「民主」「連帯」の精神（心構え）にもとづく。

これには二つの側面がある。

ひとつは「人間を尊重する経営の源」としての側面だ。

「人間を尊重する経営の源」としての側面

自主——社員全員の「生きがい」を尊重する、人間らしく生きる

民主——雇用、賃金、労働環境を守り、平等な人間観、民主主義的社会の土壌づくりに貢献する

連帯——社会間、労使間で育ち合う

もうひとつは、「同友会運営の精神」としての側面だ。

「同友会運営の精神」としての側面

自主——政治的・経済的な独立

民主——会運営システムの基本

連帯——会員および内外との協力関係の熟成

2 精神は実践のためにある

この精神（心構え）は、次の三つの目的の達成のためにある。

①よい会社

②よい経営者

③よい経営環境

　この三つのために、「企業では何を実践しなければならないのか」を明確にするために「経営指針書」がある。この「経営指針書」を作成するために、私たち経営者は日々、学ばなければならない。社員、取引先、ニュースが発信する情報に耳を傾け、意味を理解し、身の丈に直して、今度は社員たちに伝えるのだ。

　そして社員たちとともに、「経営指針書」を実践に移さなければならない。

　実践に際しては、精神論だけではだめだ。実践した者が有利になるようなしくみをつくってあげなければいけない。そしてそれを持続しなければならない。また、実践の場で何が起きているのかを経営者が知ることのできるしくみも必要だ。

　このような実践の先にあるのが、中小企業の理想像である。

　私たち中小企業は、国民生活、地域社会、文化を支える柱としての責務を負っている。その実現こそが、「同友会理念」の目的地なのである。

　自分は会社を経営したいだけで、天下国家のことを論じることには抵抗があると考える人も多いだろう。しかし、自分のことしか愛せない人間は誰にも愛されないように、自社のことしか考えない会社が、社会から求められるわけがない。

3 学びと実践のサイクルをつくろう

だが、いくら理想や理念を学んだところで、それを実践できなければ意味がない。

世の中には計画倒れに終わることのほうが多いのだ。

幸いなことに、私は学びを実践に移すことが苦にならない。だから、せっかくよいことを学んだのなら、なぜそれを実践しないのだと不思議に感じるほうだ。

ただ、どのように学びを実践に移しているかを言うことはできる――。

頭に思い浮かぶのは「守破離」という言葉だ。

まず、学んだことを愚直に「守る」。

よいと思った考え、行動をただ真似る段階だ。

それから「破る」。

学びと自分や自社の状況とを照らし合わせて、自分や自社に合った形につくり変えるのである。

そののちに「離れる」。

学びと自分たちでつくった形をもとに、新たなしくみや技術を開発するレベルにまで達することである。

学びを実践しようというと、言葉をただ行動でなぞることを想像する。しかしそれではたしかにおもしろくないのだ。維持するだけだからである。

大切なのは「発展させる」ことにまで思いを及ぼすことだ。

そうすれば、学びと実践は無限のサイクルを描くことになる。

そして、実践は楽しむものになる。

私は会社経営も、同友会活動も存分に楽しんだ。

楽しまなくて何が人生か。

「お変わりありませんか?」――「むすび」に代えて

「お変わりありませんか?」

と尋ねられて、

「ええ、おかげさまで」

と答えるような人は経営者ではない。

なぜなら、経営者は常に変化していなければならないからだ――。

私は、三重同友会の宮崎由至氏がよく言っていたこの警句が好きで、経営者の集まりなどではよく使わせていただいている。

実際、経営者の半生は変化そのものだ。

逆に変わらない人からだめになっているといっていい。

だが変えてはいけないものもある。

それは「経営者としての覚悟」だ。

本書で紹介した『経営指針成文化と実践の手引き』に「自社の歴史と

自分の歩み」というシートがある。会社と自分の年表である。

私も以前から年表を作り、随時更新してきた。改めて眺めてみると、自分の経営者としての半生がいかに変化に富み、変化しようと心がけてきたかがよくわかる。そして何を大切に守ってきたのかも一目瞭然だった。

さらに年表は、本書の執筆にあたっても、ずいぶんと役に立った。この本は、現中同協事務局長である平田美穂氏の発案から始まった。中同協会長を退くにあたり、いつもの調子でみんなを叱ってくれというのである。

せっかくのリクエストである。期待に応えなければ男じゃない。

――というわけで引き受けた次第である。

しかし、叱ったりヤジを飛ばしたりするだけでなく、自分の足跡や後輩たちへのメッセージも込めたいと思った。そこで愛知同友会の同志である木全哲也氏（株式会社三恵社代表取締役）に相談して、このような形となった。

さて、本書も終わりに近づいた。
推薦の言葉を寄せていただいた中村高明氏と国吉昌晴氏に感謝の意を表したい。またお二人をはじめとした同友会活動で知り合うこととなった多くの先輩や同志のみなさんにも改めてお礼を申し上げたい。株式会社エステムのみなさんには言葉も見つからない。私の半生はみなさんとともにあった。そしてもちろん、鋤柄陽子との出会いに一番感謝している。

最後は私らしく本書を締めよう。

「いい加減な気持ちで経営者面するやつは私が許さん。ここから出て行け」

二〇一八年春

鋤柄　修

鋤柄　修　Osamu Sukigara

株式会社エステム名誉会長／中小企業家同友会全国協議会相談役幹事。

1941年、愛知県に生まれる。三重大学農学部農芸化学科卒業後、フジパン株式会社に入社。1971年に大学同期の設立した水処理施設メンテナンス企業「綜合施設サービス株式会社」（1990年に「株式会社エステム」に社名変更）に入社し、経営に参画する。1991年、同社代表取締役社長に就任。2000年代表取締役会長、2014年より現職。

同社の経営を続ける中で、経営者にも学びの場が必要であることを痛感し、1980年度から愛知中小企業家同友会に参加。以降、同会の運営・発展に尽力し、1995年度には同会代表理事に就任。さらに2002年度には同会の全国組織である「中小企業家同友会全国協議会」幹事長、2007～2016年度の10年にわたり会長を務めた。2017年度より現職。

経営者を叱る――学んで実践し続けてこそ

2018年4月27日　初版発行

著　者	鋤柄　修
編集協力	中小企業家同友会全国協議会
定　価	本体価格 1,400円＋税
発行所	株式会社　三恵社 〒462-0056 愛知県名古屋市北区中丸町2-24-1 TEL 052-915-5211　FAX 052-915-5019 URL http://www.sankeisha.com

ISBN 978-4-86487-821-0 C0034 ¥1400E